神様から愛される人になる

タイムデザインの法則

ノートルダム清心女子大学名誉教授
保江邦夫 著

はじめに　時間をデザインする「タイムライダー」になれ！

あなたは、運がいい人ですか？

なぜかこの世には、運がいい人とそうじゃない人がいます。その違いは何なのでしょうか。

物理学者である僕の結論は、運がいい人とそうじゃない人の一番の差は、神様から与えられた「自由意志」を行使しているかどうかである、というものです。

では、その自由意志とはいったい何か。

それが本書のテーマである、「時間をデザインする意志」なのです。


結論から申し上げると、太古の昔から人類が当然のように認識している「時間」というものは、本当はこの世に存在していません。便宜上、「あることにしている」というだけです。物理学の世界では、それは当たり前のこととして捉えられています。

ですが、人類は便宜上使い始めた「時間」にいつのまにか支配され、最悪の場合、それに追われ、焦り、自分をなくしてしまうのです。

そうならないために本書では、人間に与えられている自由意志により、「時間」の呪縛を超えていく方法をご紹介します。

本書を読み進めていかれるうちに、「時間」に関する常識の枠が自然と外れていくと思います。そうした「時間」に対して新しい捉え方ができる人を、本書では「タイムライダー」と名づけます。

物理学をベースに、タイムライダーになるために必要な、「時間」についての新しい知識をお伝えしていきます。

その知識とは、自分が望む世界を創造できる、確たる時間軸に基づいた「パッケージ理論」です。

パッケージ理論については本文で詳しく説明しますが、一言で表現すると、「自分で自分の未来を設定することで、過去と結びついたひとつのパッケージができ、そのパッケージの中においては確たる物理法則が適応される」ということです。

少しむずかしい表現ですが、ようは、「未来・今・過去」は一筋の流れの中に存在するものではなく、実はひとつのパッケージになっているということです。

未来と過去が決まることで、今が構成されていく。その相対的なパッケージが、それこそ無限に存在している。それがこの世の真実です。

①「未来」を設定する
②自動的に「過去」が選ばれる
③未来〜過去までのパッケージがつくられ、同時に、設定した未来を実現する流れで「今」が構成されていく

しかも、このパッケージは、積み木のように短いスパンでつくり直しが可能です。

運のいい人というのは①〜③のパッケージづくりがうまいタイムライダーであるから、どんどん幸運が舞い込んでくるように見える、ということなのです。

ですから、その人が持っている特性などではない、ということ。誰でも自分の人生を幸運にすることができるし、なりたい自分にいつでもなれる、ということなのです。
①〜③のパッケージづくりがうまくなると、

「未来が今にサインを送ってきて、天使がそこに導いてくれる」

「未来に対する不安から、魔が差すというリスクも避けられる」

など、実際に人生が変わり始めるはずです。

ですが、問題は、未来が送ってくる天使やサインにたいていの人は気づかないということ。ですから本書では、天使やサインに確実に気づけるような仕組みを入れた、「パッケージ手帳術」もご紹介します。

これで、自分が幸運になったことも、容易に気づけるはずです。

人生が変わったことに気づければ、自己肯定感は自然と上がっていくため、そこまでくれば幸せの連鎖は止まることはありません。

「現状を変えたい」

「本当に自分が望むような未来を創造したい」

「天使の導きを得て、よりよい人生を歩みたい」

と思っているなら、ぜひ本書をきっかけに、タイムライダーに変身してください。

もくじ　タイムデザインの法則

第５章　人間原理と神様としての自己認識

第6章 魔が差さないためのパッケージ設定

第**1**章

最先端の
物理学から見た
本当の「時間」とは

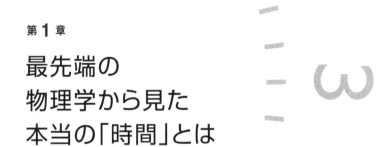

時間は過去から未来へ流れているわけではない

最初に、そもそも「時間」とは何かについて見ていくことにしましょう。

時間というのは、過去・現在・未来という一定方向に向かってとめどなく流れていくもの、だから、過去は変えられず、未来は決まっていない——多くの人が、時間についてこんなイメージを持っているかもしれません。

ベンジャミン・フランクリンの言葉に、「人の遅れを、時は待たない」というものがありますが、現代人は時間に追われ、時間を意識しないで生きている人は稀でしょう。

そんな時間について、それは過去から未来へと一定方向に流れている、という考えは、アイザック・ニュートン（1642～1727年）などが研究した、初期～中期の古典物理学[※1]（古典論）の考え方です。

時間について、ニュートンは「唯一絶対の時計がある」と考えました。つまり、世界はこの時計を共有していて、誰にとっても1分は1分で、同じ時間だという前提に立っていたわけです。

また、一般的にも、「過去があってその先に今があり、今の延長線上に未来がある」というのがこれまでの常識であり、通常の感覚です。

これを因果律と呼びます。

ところがその後、アルベルト・アインシュタイン（1879〜1955年）の相対性理論によると、時間というのは観測者によって変わる相対的なものとして認識されるようになりました。つまり、私たちが存在しているこの時間と空間は、速度と重力の干渉によって伸び縮みするゴムのようなものである、と捉えられるのです。

どういうことかというと、たとえばブラックホールのような、ものすごく質量が大きい物質のまわりでは時間はとても遅くなり、そこでの一瞬が他の場所での永遠のような時間に匹敵するということで、これを相対性原理と呼びます。

さらに、その後、現代物理学のもうひとつの雄となる量子力学[※2]が物理学で主流となり始めた頃には、時間の捉え方がこのアインシュタインの相対性理論ともまた異なるようになりました。

簡単にお伝えすると、量子力学における時間というのは、過去から未来へと流れるわけではない、ということがわかったのです。したがって、私たちが「日常的に認識している時間」は量子力学の観点からはそもそも存在しないということになります。

このように、物理学的に見た場合の、時間に対する考え方や見方は、研究とともに根本的に変わってきているのです。

その変化について、もう少しつめてみましょう。

量子力学が登場するまでは、**時間というものがあることにする**と、人間にとって好都合なので、便宜上、過去が決まれば今が決まり、今が決まれば未来が決まるとし、ひとつのベルトコンベアのような流れを設定していました。

そして、進みゆく時間というものを想定することによって、世のなかの仕組みや自然現象を捉えてきたわけです。

したがって、古典物理学（古典力学や古典電磁気学）では、物事は一方向に発展し、ずっと変化していくという見方をしていました。さまざまな自然現象や物理現象を見ていくときの物差しとして、過去・現在・未来という直線的な因果律は何の矛盾も引き起こさなかったのです。

ところが、ミクロの世界や普通のスケールでも特殊な状況、あるいは、宇宙全体のマクロの世界を取り扱うときなどは古典物理学の範囲を超えてしまい、量子論を持ち出さなくてはいけなくなった。その段階で矛盾が生じました。そして、その矛盾を解消するためには、それまでの時間の見方をガラリと変えなくてはならなくなったわけです。

そこで、過去から未来へという一方向の流れとしての時間はないという立場から、天文学者のアーサー・エディントン（1882〜1944年）が、世界で最初に、

「未来は過去の延長ではなく、未来と過去が今を決める」

という結論に到達しました。

つまり、過去の延長線上に今や未来があるわけではなくて、「未来と過去が同時に今を規定する」のです。

いわば、**未来と過去と今はすべてひとつのパッケージ（ワンセット）になっている**ということです。

未来と過去、2つの影響で「今」が決まる

たとえば、こういうことになります。

未来（たとえば1週間後）のことが決まり、それと同時に、過去（たとえば1週間前）のことも決まっている。その二方向からの影響で今が決まる、ということです。

要するに、理論物理学における時間軸では、

「未来と過去の両方が決まることで今が決まる」

わけです。これが美しい真理だと理解されているのです。

とはいえ、私たちには過去の記憶しかなく、未来の記憶はありません。だから、どういうことかよくわからない、というのが普通の感覚でしょう。ですから、常識として、過去からのさまざまな因果応報がめぐりめぐって今を成立させていると思ってしまうし、未来からの影響で今が決まるなんてあり得ないと感じるのも無理もありません。

しかし、理論物理学的には、過去から一方向に流れる時間というものは存在せず、

未来からの影響で今が決まっていると捉えたほうがまったく矛盾がないのです（この点については後述します）。

それだけではありません。

日本の神道においては古来より、神産巣日神《かむむすひのかみ》が過去からの時間の流れを表し、高御産巣日神《たかみむすひのかみ》が未来からの時間の流れを表し、両者が合わさったのが「**中今**《なかいま》」であると考えられていました。

安倍晴明の魂を現代に継いでいる青年・雑賀信朋君が教えてくれた真実なのですが、この宇宙をそのように決めたのは天之御中主神《あめのみなかぬしのかみ》ということです。

それに加えて、僕はつい最近、はからずも実際にそのような体験をしてしまったのです。

僕もそれまでは、数学や理論物理学で語られるように、「未来と過去と今がワンパッケージ」になっていて、それが真理だと知っていても、現実の感覚とはあまりにかけ離れているために「本当のところはどうなんだろう？」と揺れ動いていました。

ところが今は違います。なぜなら本当に「未来からの影響で今が決まっていたんだ！」ということを、僕自身が実際に体験してしまった以上、それが真理だと認めざるを得ないのです。

その体験をしたのは、２０２１年の2月13日。

その日起きたことは、まさに先ほどご紹介したエディントンの主張そのものであり、それを身をもって理解した記念すべき日なので、僕は手帳にもグリーンのボールペンで「エディントン」と書き記しています。

そのエピソードをお話しいたします。

明白なサインがこの身に届く

２０２１年2月13日、僕は京都で午前中から仕事があり、前日の夜には現地へ入りました。

仕事の依頼主は駆け出しの俳優さんで、彼から「自分がやっているユーチューブチャンネルに出ていただけませんか」と頼まれていたのでした。

そして13日の当日、僕は久々にとてもすがすがしい気持ちで目覚めました。

というのも、数日のうちにやらなければいけないと思っていたことが、どれも前日の12日に終了したからです。

たとえば、エンジン故障で車を廃車にしたため、急きょ代わりの車を探さなくてはならなかったのですが、偶然にも車を手放そうとしている人から譲り受けることが決まったり、仕事上のトラブルなどもすべてクリアになったりと、なんだかあらゆることが順調だったのです。

そのため、13日の朝から「あぁ、もうこれでわずらわしいことはないな」とホテルで気分よく目覚めて、出かける準備をしていました。

収録自体は昼食をはさんで3時間ぐらいかかりました。とても気分よく終わって、「じゃあ、飲みに行こうか」と、僕が知っている京都市内のお店に行くことにしました。移動は兵庫県にいる僕の道場の門人が車を出してくれて、俳優さん、僕、大阪で僕の仕事の秘書をしている女性がその車に乗り込みました。

そのときからです。なぜか僕自身の様子がいつもと違い始めたのです。

先ほどお伝えしたように、気分は朝からとてもハッピーでした。ところが、僕が取る行動がそれとは真逆になってきたのです。

たとえば、路上でおしゃべりに夢中になっているあまり、後ろから車が近づいてきたことにも気づかない年輩の女性の２人連れを見た瞬間、僕は意識もしていないのに彼女たちの悪口を辛辣《しんらつ》な言葉で吐いたのです。

その後も、別に急いでいるわけでもないのに、赤信号で「行っちゃえー」など、次から次にとんでもない発言が口から飛び出してしまいます。

さすがに違和感を抱き始めたのか、運転をしていた門人も、

「今日はなんだかご機嫌ななめですね」

と言いました。でも、

「いや、そんなことないよ。俺、今日、ものすごくハッピーで気分がいいんだよ」

と正直に返しました。本当に気分としてはそれが正しく、むしろ自分に起こっていることがよく理解できない状態でした。

そして、また車が動き出します。すると、今度は横からぐっと割り込んできたタクシーに対し、

「もし俺が運転していたら、あのタクシーにぶつけるよ」

など口走る始末。

僕は冷静になって、（どうして今日はこんなひどいセリフばっかり吐いているんだろう？）と不思議になり、自らを分析してみました。

その日起きた出来事はすべて調子がよくて、朝から気分もハッピーなはず。

それなのに、今、目の前で起きている現実に対してリアクションを起こすような場面になったとき、いつになくイラ立っているときのような辛辣な言葉を吐いている。

それはまるで、僕が何かに対して腹を立てているかのようでした……。

あまりにも僕の辛辣な言動が続いたので、門人も首を傾げていました。

「そこの自転車、もう跳ねて、もっと飛ばしなよ！」

「本当に今日、どうしたんですか？　何か悪いことでもあったんじゃないんですか？」

「いや、気分はいいんだけど……、でも何か言いたくなるんだよ。めずらしいよ、僕がこんなことを言うのは」

結局、その日は車で移動中、ずっとそんな調子でした。

「未来に起きる不快な出来事」の影響

その後、京都にある僕の行きつけの店に入り、みんなで食事をしていたときに、思いもかけない事態が発覚したのです。

発端は、東京の秘書から僕宛に届いたメールです。

東京には3人の秘書がいて、メールの送り主はそのうちの第2秘書の女性でした。僕は「何だろう?」と思って、携帯を取り出してメールの内容をチェックしました。するとと、第1、第2、第3の3人の秘書がそろって、「鬼のいぬ間、ボスのいぬ間に3人で新年会を開きました」と書いてあったのです。しかも、その3人が楽しそうに笑っている写真も添付してありました。

僕はそれを見て、

「何だと!　俺がいないときに新年会?　何を考えてんだ!」

と急に怒りが爆発し、その場でも「3人の東京の秘書たちはけしからん」という話ばかりを延々することになったのです。

怒りが湧き上がってきて、どうにも腹立たしい気持ちがおさまらない様子を見ていた門人が、

「今、頭のなか、それしかないんですね」

と言うほどでした。


ところが、食事会がお開きになってから、僕はあることにふと気づきました。

今日あったことを時系列で考えた場合は訳がわからないけれど、時間の流れという枠を外せば、つじつまが合うのです。

9：00am
「過去」からの積み上げに関しては、とても順調で、気分はハッピーだった。

1：00pm
移動中、まるで怒ったときのような激しい言葉を吐き続けた。でも、その原因とな

る出来事が「過去」にあるとは、いくら考えても思い当たらなかった。

8：00pm

僕が怒り狂うような事態、つまり3人の東京の秘書たちが、密かに新年会を開いていたということがわかった。

日中のアンハッピーな表現（＝怒りの表現）は何によってもたらされたのか？

それは過去の出来事ではなく、その日の夜、僕のいないときに3人の秘書たちが黙って東京で新年会を催していたという、「未来」に起きる出来事によってもたらされていたものだったのです。それが、僕のわけのわからない怒りの原因だったのだとわかりました。

僕は、エディントンが言った「**未来は過去の延長ではなく、未来と過去が今を決める**」ということを生まれてはじめて体験したのだと気づきました。

そして、この人生における初体験によって、「過去の出来事が現在の言動を規定している」というこれまでの常識的な考えを改め、「未来と過去の出来事が今の言動を規定している」という理論物理学から見た時間の概念こそがまさに真理であった、ということを、身をもって知ることができたのです。

それ以来、２月13日は、僕にとっては記念すべきエディントンの日となったわけです。

未来・今・過去はひとつのパッケージ

この体験からわかることは、超能力者や霊能力者などが「未来を予言する」というのも、過去の延長線上の「予測」ではなくて、今現実に起きている状況から未来に起きる出来事を読み取っているのではないかということです。

先ほどの僕の例で言えば、過去の状況やデータに基づけば、僕はハッピーだから多少不快なことがあっても怒ることはないはずです。

それにもかかわらず、ちょっとしたことで怒り狂ってうっぷんを晴らすような言動をしてしまったのは、実は、**未来においてそのような言動に走らせるようなことが起**

きたからだったのです。

ということは、逆に今の状況からある程度未来において何が起きるかの見立てができるとも考えられます。

さらに、もっと経験を積んだ能力者であれば、現状をより細かく分析することができ、かなりの正確さで未来を読むことができる可能性があると思います。つまり、未来について予言ができるのは、その兆候が今に投影されているからなのです。

言い換えれば、

「**未来と過去の両方が決まって、今が決まる**」

ということであり、これが最新の理論物理学の考え方から捉えた時間の概念とも一致する真実なのです。

わかりやすいイメージでお伝えすると、部屋の中央に**細い柱**が立っていると想像してみてください。

その1本の細い柱がひとつの時間軸で、「未来」は天井、「過去」は床、そして真んなかが「今」です。どこが抜けてもその家が壊れてしまうとしたら、その3点すべてがお互いに影響し合っているのがわかります。

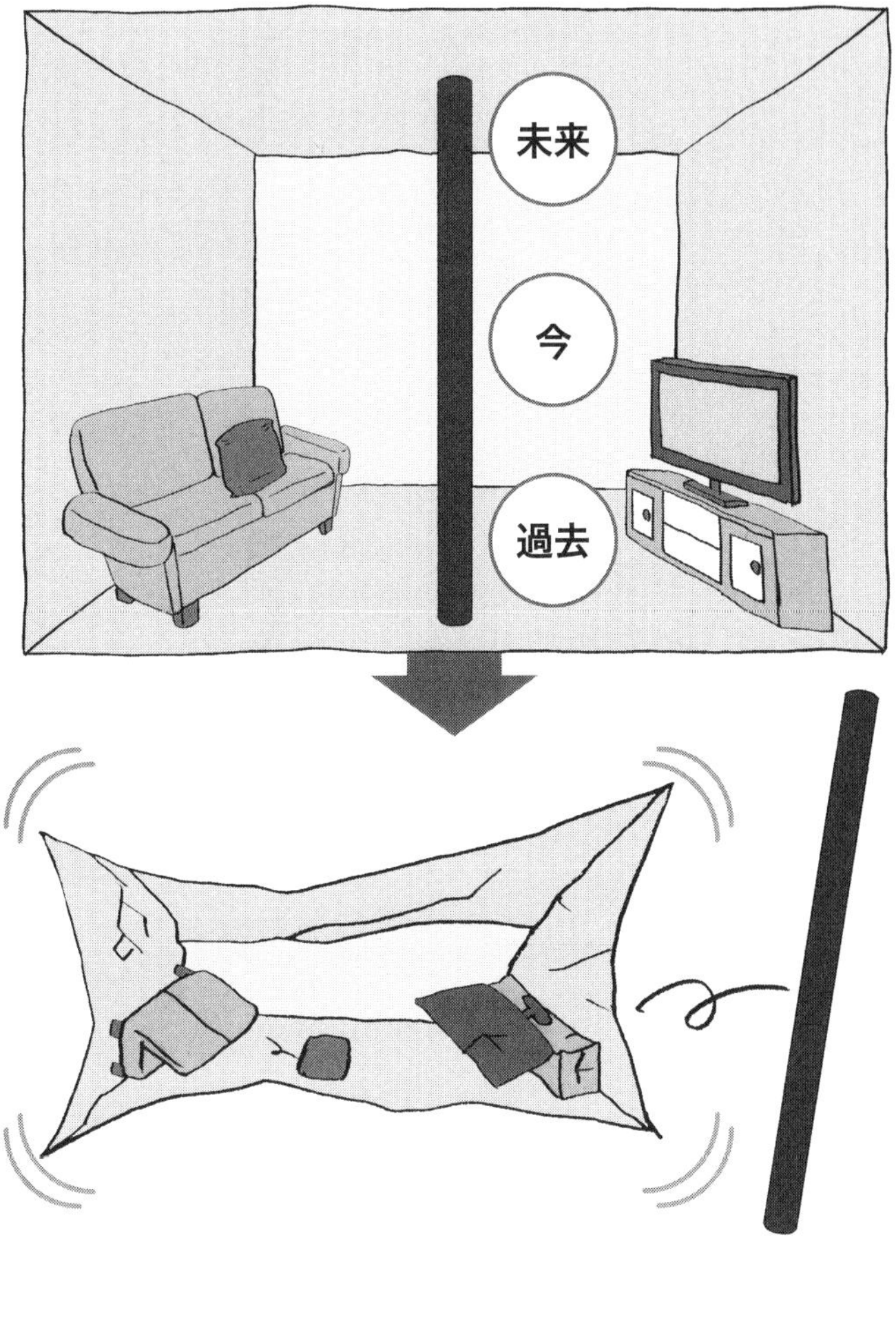
未来
今
過去

つまり、未来と過去、そして今が同時に存在しているということです。未来・過去・今がひとつのパッケージとして成り立っていて、もし他の未来が決まれば、同時にパッケージも再設定されるということです。

量子力学にある時間についての重要な条件

「未来と過去の両方が決まって、今が決まる」というエディントンの説を学ぶ上で、量子力学について少し知っておく必要があります。

そこで、量子力学に対する考え方について、いくつか代表的な考え方をご紹介していきます。

ひとつは、ボーアやハイゼンベルクらによって示された、正統派の**コペンハーゲン解釈**です。シュレーディンガー方程式[※3]という、量子力学の基礎をもとにした解釈になります。

コペンハーゲン解釈をできるだけ簡単にお伝えすると、量子世界の物理状態は、重ね合わさった状態を形づくっている。つまり、多数の物理状態が、同時に存在しているということです。

それが観測された瞬間にひとつの状態に落ち着き（「状態の収縮」と呼ばれる）、どの状態が実際に観測されるかは、確率的にしか予想できないというものです。

これは、観測すること自体が対象に影響を及ぼすという意味から「観測問題」という難問を生んでしまいます。

この観測問題に対し、物理学者たちはさまざまな落としどころを模索しましたが、その矛盾を払しょくすることはいまだにできていません。

ただし、近年この古い考え方の量子力学とは違った、新しい考え方も注目され始めてきました。

それは、**そもそもシュレーディンガー方程式だけで「状態の収縮」について説明できないのは、その記述の仕方が間違っているだけなのではないか**、というものです。

アインシュタインが、

「シュレーディンガー方程式では記述されていない未知の隠れた変数が存在するはずだ」

と主張したように、シュレーディンガー方程式は決してウソではなく、たしかにその記述の仕方が間違っているだけです。

そのことに、ほとんど誰も気づいていなかったのが事実です。その記述の間違いに気づいたのが、エディントンだったのです。

ようするに、**シュレーディンガー方程式は、「ある始まりと終わりの値を観測する、その間にだけ当てはまる方程式」ということ**です。

この前提条件を無視して、ある初期時間以降の任意の時間で成り立つと拡大解釈してしまったところに、矛盾と混乱が生じているわけです。

同じ解釈でシュレーディンガー方程式をずっと使い続けるのは間違いだということにエディントンが気づき、湯川秀樹先生も同じことをおっしゃり、僕もそう思っています。

本書で取り上げている「未来と過去の両方が決まって、今が決まる」というパッケージ的な時間の捉え方を「**パッケージ理論**」と呼ぶことにします。

パッケージ理論では、確率で決まる可能性ごとに世界が分裂するという不確定な枠組みではなくて、未来・過去・現在の軸がピタッと決まる確かな枠組みです。

しかも、その場合、未来の決め方はいくらでもあって、先ほどの柱のたとえで言えば、いろいろな柱、つまり時間軸を1本ずつ、人間の自由意志で生み出すことができます。ですから、パッケージで考えると過去は同じであっても、違う未来を決められるし、未来が違えば当然過去と未来の両方で決まる今も違ってくる。つまり、人間は時間の中を自在に走っていくことができる「タイムライダー」なのです。

そういう意味で、パッケージとしての時間軸が無数にあるのがエディントンのパッケージ理論における考え方です。

パラレルワールド解釈との違い

ここで勘違いしないでいただきたいのは、この「未来と過去の両方が決まって、今が決まる」というワンパッケージの時間軸は、いわゆる「パラレルワールド」とは若干意味が違うということです。

ここで、混乱を防ぐために、パラレルワールドについて説明しておきましょう。

スピリチュアルの分野でよく使われるパラレルワールドやタイムラインというのは、量子力学に対する新しい考え方だと誤解されているのですが、枠組みとすれば、過去から未来に向かって一方向から時間を見ているので、どちらかというと古い枠組みであると分類できます。

先ほど出てきた観測問題に対する研究で、物理学には次のような解釈も存在しています。

それは、「世界はいくつにも枝分かれしていて、それぞれに独立した『ワタシ』が同時に存在する」というものであり、「**多世界解釈**」と呼ばれるものです。

定義としては、「人間の意識は、現在の世界の状態すべてを認識しているわけではなく、ごく限られた量子力学的状態だけを認識しているだけで、他の値を観測した別の多世界もある」という解釈です。

スピリチュアルの分野で取り上げられるパラレルワールドやタイムラインのほとんどが、この多世界解釈を応用したものです。

ちなみに、タイムラインという言葉も本来の意味とは違って使われているので、少し説明をしておきたいと思います。

そもそも、タイムラインという言葉は、物理学用語ではなく、ジャーナリズム用語です。テレビなどのニュースでも「本日のタイムライン」とアナウンサーが伝えているように、いついつにこういうことが起きましたという、時系列ごとに起きた出来事を並べるのがタイムラインなのです。

それに対して、物理学では「ワールドライン（世界線）」という用語があって、それは時間軸が変化すればそれにともなって空間のなかの物質（点）も移動するという測地線（直線の概念を曲がった空間において一般化したもの）のことを意味します。

ですから、物理学的観点からの時空の変化をもたらす時間軸という意味で語りたいのであれば、タイムラインではなくワールドラインと呼ぶのが正しいのです。

本書では、このワールドラインのことを「時間軸」と表記していきます。

話を多世界解釈に戻しましょう。

たしかに、多世界解釈やパラレルワールドといった、確率ごとに世界（未来）は分裂し続け、宇宙は無限に分岐しているという解釈では、「状態の収縮」がいつどのようにして起きるのかを説明する必要がありません。だから、コペンハーゲン解釈の矛盾を避けられる。

ようするに、量子力学の基礎であるシュレーディンガー方程式では、「状態の収縮」がいつどのようにして起きるのかを説明できない。だから、「状態の収縮」を排除する新たな解釈として多世界解釈が生まれたというわけだったのです。

スピリチュアル分野の人たちはそこをうまく使って、「パラレルワールド（多世界）には、すでに成功しているアナタがいるよ」などと公言しているのですね。


多世界解釈においても、過去と未来がひとつの軸で永遠につながっているわけではなくて、未来は常に確率でしか示せない不確定なものになってしまいます。

ですから、こうした最新の量子力学でも、エディントンが提唱した、一定の条件があることを認識していなくてはいけません。

つまりは、過去と未来の両方を決めたその間でしか、観測結果を記述することは許されていないということ。

すなわち、未来・今・過去という柱（時間軸・ワールドライン）の範囲のみに限定しなくてはならないということです。

パッケージ理論上の未来設定

というわけで、ここからはエディントンの考え方（理論物理学的な真理）に従って、「未来と過去の両方が決まって、今が決まる」というパッケージ理論について見ていくことにしましょう。

このパッケージ理論における時間軸（ワールドライン）は、無限の過去から無限の未来にずっと1本の軸として流れている時間とは違い、誰もがタイムライダーとして**自分で自由にいくつもの時間軸をつくることが可能**です。

つまり、自分で自分の未来を決めてしまえば、1本の自分の時間軸が決まる。

始めにゴール（未来）を設定すると、自動的にその未来は過去とつながって、1本の時間軸ができます。すると、無限の可能性のなかから、その時間軸にのっとり、今が決められていきます。今この瞬間の物事はすべて、パッケージが破綻しないという条件のもとに起こります。

まさに「未来と過去の両方が決まって、今が決まる」のです。

パッケージとは相対的なものなので、それは1週間だけの短いパッケージもつくれるし、1、2年の長いスパンのパッケージもつくれます。

さらには生まれてから死ぬまでの一生分の時間軸、あるいは、前世や来世まで入れてのパッケージさえもつくることが可能なのです。

まさに、これが夢の現実化の技法であり、タイムライダーとして自分の夢がかなうからくりに他なりません。

たとえば、フェラーリがほしいという願望があるとします。その願望をかなえるためには、フェラーリを買うだけのお金が貯まる、あるいは、誰か奇特な人からもらえる、宝くじが当たる……など、さまざまな奇跡的展開が必要だと思ってしまいます。

これまでの一般的な時間感覚では、未来を現在の延長線上に捉えてしまうので、お金が貯まったら買おうとか、誰か譲ってくれる人はいないかとか、せっせと宝くじを買うといったことになるでしょう。

ところが、未来と過去、そして今がひとつのパッケージになっていると考えると、「フェラーリを手に入れた」という未来を自分で決めてしまえばいいだけなのです。

あとは、過去と今が自動的に設定されていくので、タイムライダーとしてのあなたが抗《あらが》わないで進みさえすれば、かならず必要なものがどんどん手に入っていきます。

「願望はかなう」となぜ言い切れるのか

自分が望む未来を決める、というのは夢や願望ですが、未来を決めるとき、人はまるっきり手が出ないものがほしいといった願望は持たないものです。

たとえば、普通の人が「航空自衛隊のジェット戦闘機Ｆ15イーグルがほしい」というような願望は持たないように、ほとんどの人は**すでに射程圏内に入っている事柄に対して、夢や願望を抱く**ものです。

なぜなら、それは**「未来において実現できているものだから」であり、すでにゴールが見えているからこそ、今、願望として意識に上っている**ということだからです。

つまり、今、自分のなかに湧き起こっているワクワクするようなプラスの願望や感情、あるいは、僕が2月13日（エディントンの日）に感じた腹立たしさなどのマイナスの感情・感覚もすべて同じです。
「今」は過去と未来の両方から影響を受けているということなのです。

普通は、願望をかなえるためにはそれなりに努力をしないといけないと考えます。それは、今は過去の延長であり、今の延長に未来があると考えているからです。願望は単なる望みでしかなく、それが本当に未来に達成できるか、手に入るかはそのときになってみなければわからない。だから一所懸命努力をしようというのが、最新の物理学を学んでいない普通の人の見方、考え方です。

でも、実際には、どう努力したらいいのかわからず、世間の雑多な情報に振りまわされたり、他人からのアドバイスに左右されたり、神頼みに終始したりしているわけです。

このような不透明さは、「今の延長に未来がある」と考えている以上、決して晴れることはありません。不透明で不確定なものに対して、私たちはストレスが溜まってしまって、生き生きと向き合うことができなくなってしまうからです。

　そのような考え方をやめて、「未来を決めれば、そのうちそれがやってくる！」、そう捉えることによって、私たちは毎日を生き生きと過ごすことができるようになるのです。

　先ほど例にあげたように、「今、フェラーリがほしい」と思っていたとしたら、「今の自分は、未来において本当にフェラーリを持てているからこそ、今の自分にフェラーリがほしいという願望が生まれているんだ」ということです。

　大事なのは、時間というのはそんなふうにパッケージになっている世界なんだ、ということに自分が納得することです。

　その意味では、未来が今の私にメッセージを送ってきているとも言えるかもしれません。それを自分が受け入れることによって、設定したひとつの未来が今という現実になるのです。

未来からのサインは「何となく」

ここまでの説明で、あなたが願望をかなえたいなら、まず「時間の発想を変える」ことがいかに大事かということが、ある程度おわかりいただけたのではないかと思います。

これまでのような、過去から未来に向かって誰もが一様に同じ時間で流れていく、だから、未来は不確定であり未知数だという発想は、未来はいったいどんなふうになるんだろうという不安や恐れを招きます。「フェラーリがほしいんだけれど、本当は無理だろうな……」などといったところです。

それを、未来（ゴール）が決まれば過去（出発点）と連動した今がもたらされ、確定された未来が確実に今にやってくる、という発想に変えるのです。

そうすると、確かな未来に対して安心と心からの喜びが生まれます。「フェラーリ、本当はもう手に入っているんだ！」という具合に。

つまり、夢や願望は未来からのメッセージであり、その確定された（した）未来から、あなたにとっての夢や願望という形のサインが送られてきているのです。あなたはそれを無意識（潜在意識）で受け取っているからこそ、心がワクワクし、直感的に「何となくそう感じる」のに他ありません。

ひとつのパッケージのなかで、あなたがひとつの未来を決めるということは、無限にある可能性のなかからひとつの未来を選択するということです。

そのスパン（時間間隔）は、1年先でもいいし、10年、20年先でもいいし、人生の最後でもよくて、あなたは自分でさまざまなスパンごとに未来を決められるのです。タイムライダーなのですから！

シンガーソングライターのさだまさし氏の歌『亭主関白』のなかにある歌詞をご存じでしょうか。

歌詞のなかで、自分が死ぬときにこういう死に方をしようと決めている一節があります。

そうすると、本当に死ぬときに、自分が決めた願望に基づいて実際にその望みどおりに逝くことができ、それが未来につながったということです。

このように、すでに未来は決まっていて、その決まっている未来と、すでに決まっている過去との両者の共同作業によって、今の自分の気持ちや言動を決めてくれている。

これが、パッケージ理論が教えてくれる、願望がかなうメカニズムなのです。

第2章

パッケージ理論と、人間に許されていること

未来のことが決まっているからこそ今がある

前章では、「未来と過去の両方が決まって、今が決まる」というパッケージ理論についてお伝えしました。

この、未来というゴールが今という現実を規定している、ひとつのパッケージ内の時間軸は、スピリチュアルな分野の一部の人たちの間でもよく知られています。

たとえば、昔、インドの「アガスティアの葉」というのが流行りました。

これは、人が「おぎゃー」と生まれてから、息を引き取って死ぬまでの人生の出来事や運命が、ヤシの葉に詳細につづられているというものです。

魂の輪廻転生の記録と見なされていますが、それは当然あり得るだろうと思います。

なぜなら、魂があらかじめゴールを決めて肉体に宿り、決めたとおりの人生を歩むこともできるからです。つまり、パッケージとして未来を決めてから次の人生の青写真を設定しているということです。

他にも、胎内記憶の研究をされている池川明先生のお話でも、小さな子どもたちが同じような証言をしているケースがたくさんあるそうです。

たとえば、ある幼いお子さんが、「あのときは帰ることを決めていた」とお母さんに話し始めたそうで、何の話なのかよくよく聞いてみると、お腹のなかから帰った、という話だとわかったそうです。

実際に、そのお母さんは最初の妊娠のときに流産した経験があり、どうやらその子はそのときの赤ちゃんだったようなのです。失ったと思っていた子が戻ってきて、無事に生まれてくれたことを知ったというエピソードです。

このケースも、未来のことがちゃんと決まっているから今があるということの証左でしょう。

スピリチュアルな世界では、生まれてくる前の世界を「中間世」と呼ぶそうですが、僕はあの世を「**完全調和の世界**」と呼んでいます。

完全調和の世界ですでに、どんな人生のパッケージにするか設定した上で肉体に宿る。つまり、その時点で自分の未来、ゴールを決めているからこそ、その人の人生においてそこに至るまでの現実がもたらされているのです。

ようするに、確定された「未来」が、すでに決まっている「過去」との共同作業によって「今」の自分の気持ちや言動を決めている、ということです。

そう聞くと、「じゃあ、未来は絶対に変えられないの?」と思われる人もいらっしゃるでしょう。

実はその答えは、「イエス」でもあり、「ノー」でもある、と言えます。というのは、ひとつのパッケージの時間軸のなかでは、未来は決まっていても、他のパッケージをつくればまた別の未来が設定できるからです。

トム・クルーズが主演した『マイノリティー・リポート』というハリウッド映画をご存知でしょうか。

この映画はよくできていて、未来を再設定できることが描かれています。

舞台は、犯罪予知システムによって予知能力者がこれから起きる殺人を予知し、犯罪予防局が未然に犯人を逮捕することが可能となった近未来です。

殺人犯になると予知されてしまったトム・クルーズ演じる刑事が犯罪予防局の追っ手から逃げるというストーリーですが、予知されたことはかならず起こるけれど、最終的には人間の意思の力によって未来を変えることができるというのがテーマになっています。

つまり、未来を再設定すれば今という現実が変わるのです。

いずれにしても、人間を含むすべての生き物の生涯を「一生」と呼ぶのは、生涯の最初と最後を決めておくことによって、量子論の本質がフルに発揮されるパッケージ理論の時間軸を意識したかのようです。

それは、無限の可能性のなかからひとつずつパッケージをつくることで秩序化できるためであり、そうでなければ、宇宙や自然界が無秩序になってしまうのです。

無秩序になるということは、熱力学[※4]の第二法則に従って「エントロピー」が増大することを表します。エントロピーとは「無秩序の度合いを示す物理量」に他なりません。

エントロピーが増大して無秩序化すると、矛盾がたくさん出てきて量子論と量子力学の適用範囲を超えてしまいます。

くり返しますが、量子論と量子力学を適用できるのは、あくまで初期値と到達（終期）

値が決まっているひとつのパッケージのなかだけだということです。

すなわち、終わりと始まりがある世界でないと、無秩序な混沌《こんとん》とした世界が永遠に続くことになってしまうのです。

ちなみに、本書の編集者の女性から聞いたところ、これはマンガ『ＮＡＲＵＴＯ―ナルト― 疾風伝』（集英社）のテーマにもなっているようで、エンターテインメントの世界でも、頻繁に描かれているテーマなのです。

物語では、ある忍《しのび》が無限月読という幻術を全人類にかけ、永遠に幸せな夢を見せ続ける、つまりバーチャルリアリティともいえる空間で生き続けることを強要します。理由は、失ってしまった愛する人とその空間で共に生き続けることを、彼自身が何より望んでいたからです。

それに対し、主人公のナルトを含む忍連合は、終わりと始まりがあるこの世界を守るために、命を懸けて戦うのでした。

終わりなき永遠を想定してしまうと、未来永劫に矛盾をはらんだ不確実な世界に入り込んでしまいます。それに対して、ひとつの終わり、到達点さえ想定していれば、世のなかのことは何でも矛盾なく量子論で決まるということです。

パッケージと人間の自由意志

ここで、少し物理学の基礎に話を戻しましょう。

実は、古典物理学（古典論）には矛盾はないとされていますが、本当は矛盾をはらんでいます。それは、「初期値問題」と呼ばれているものです。

古典論に基礎を与える古典力学の法則は、常微分方程式[※5]の形をしたニュートンの運動方程式などの、数種類の数学的な方程式で記述されています。それはどんな遠い過去でもかまわない最初の状態（方程式の変数の値）を記述する「初期値」さえ得られれば、未来永劫まであらゆる状態が完全に決定されるというものです。

この決定論的な考え方が長い間自然科学を支配してきたわけですが、複雑な未来が予測できないのは、その事象を記述する方程式が複雑過ぎて今の物理学では解き明かせないだけで、将来その方程式さえ解明されればかならず予測可能になると考えられてきました。

これは、まさに機械論ともいえる考え方で、人間の自由意志が入る余地はまったくありません。にもかかわらず、私たち人間が自由意志を持っているのは明白な事実であり、古典論にはこの「初期値問題」が矛盾としてつきまとっているわけです。


そのような見通しを否定したといわれているのが「カオス理論」です。

カオスとは混沌という意味ですが、カオス理論は「最初の状態がほんの少し違うだけで生じるわずかな誤差について、その誤差がやがて想像もつかないような大きな差になって、将来的に非常に大きな違いを生む複雑系になっていれば矛盾はない」という考え方です。

このカオス理論においては、従来の決定論的な世界観にのっとりながら、それでも予測できない未来があるという、新しい見方を示しているかのように盲信されてきました。ですが、実際はそうはなりません。

なぜなら、偶然性（ランダム性）を想定していることから、自由意志が入る余地が出てくると考えられているわけですが、現実世界での人間の自由意志はこのような機械的偶然性で与えられるという程度の単純なものではありません。

いずれにしても、これまでの古典物理学の世界観では、基本的に自由意志は考慮されることはなく、たとえば、あなたが今、お茶を飲んでいるとしたら、それはあなたの自由意志ではなくて、「初期条件によってお茶を飲むことが決まっていた」ことになってしまいます。

ところが、これまで説明してきた量子論のパッケージの枠組みで見れば、初期値はいくらでも自由に選べるのです。

つまり、パッケージ理論に基づけば、**ひとつのパッケージの時間軸のなかにおいては、ひとつの未来と過去が確定しているので自由意志が入る余地はないのですが、別のパッケージを取るかどうかは自由に決めることができる**、ということ。

すなわち、量子論に基づく量子物理学においては、問題なく自由意志が入る余地があることになります。

さまざまなパッケージを設定することができるということは、**人それぞれに認識し**

ている世界が違うということを意味しています。僕が認識している世界とあなたが認識している世界は、似ているけれど、はたして完全に一致しているかどうかは絶対にわからないのです。

量子物理学が扱えるのは、あくまでパッケージの時間軸ができてからであって、パッケージにする前はまったく未知の世界です。それは「形而上学」によってしか解明することができない領域となります。

スピリチュアル分野では量子力学を使うべきでない

僕が専門としている素領域理論では、形而下だけでなく、形而上学的な世界のことまでも論ずることができ、その領域を「完全調和の神様の世界」と表現しているのです。

ですが、これまでの物理学では、自由意志がどのように発生し、物理現象に作用しているかはわからないのです。

そこでは、自由意志のような科学的に証明できない事柄については俎上《そじょう》に乗せることができず、それと同じく、霊的な力や超能力も物理学とは別の枠組みのなかで論じるしかありません。

にもかかわらず、パッケージのなかでしか使えない量子物理学の理論を、物理学者以外の人がスピリチュアルな分野にまで広げて勝手に解釈して、無理にこじつけようとしているのが現状です。

パッケージのなかにおいて量子物理学で記述できる世界を飛び越えて、超物理学的な世界までも量子論でひも解こうとしても、無用な混乱を招くだけです。

適用範囲や前提条件を無視した議論は、真理とはほど遠く、しかもそこで断定すればするほど、宇宙の背後にある法則としての神様への冒とくになります。

それゆえ、「フィジカル（形而下学的あるいは物理学的）」と「メタフィジカル（形而上学的）」というように、ちゃんとすみ分けることが大事で、ただやみくもに科学的な粉飾をすることは、専門家から見れば浅はかな権威主義にしか映らないでしょう。

科学的な根拠づけができないもの、物理学の範囲を超えた領域について語るのは、物理学の基礎を踏まえてからのことにしなくてはなりません。

そもそも、量子力学についての説明にしても、「量子は波の性質と粒子の性質の両方がある」といった記述がいまだにスピリチュアルの分野で横行していますが、厳密に言えばそれも間違いです。

正確に表現すると、**量子というのはあくまで「波」**なのです。

その波、波動にはさまざまな性質があって、たとえば、空気の疎密波であれば、空気が薄い、濃いという振動の違いがあったり、その空気（気体）や水（液体）、金属（固体）などの振動を伝える媒体があれば音波となり、また、電気と磁気が組み合わさった電磁場の波は電磁波です。

電磁波という波は、物質との間でエネルギーをやり取りすることができるのですが、そのときにいくらでもエネルギーを物質に与えられるわけではなくて、エネルギー量子と呼ばれる、ある決まった最低の量の整数倍でしかやり取りできません。

つまり、ある量の、1倍、2倍、3倍、4倍、5倍、6倍といった大きさのエネルギーしかあげられないし、もらえないという性質があることがわかったことから、これをどう理解するかというときに、便宜的に「電磁波は波であると同時に粒子でもある」と表現しただけなのです。

エネルギー量子として架空の粒々のようなものを想定することで、１個、２個、３個と数えられ、２個あれば２倍のエネルギー、３個あれば３倍のエネルギーというように計算できるからです。

そこで、量子という考えが生まれて、粒のように1個、2個、3個と個数を数えられる粒々だと捉え始めたわけですが、だからといって、本当に粒々とした形状のかたまりがあるわけではないのです。

スピリチュアル好きなら知ってもらいたい落とし穴

先ほどからお伝えしたように、あくまで、便宜上「粒子」という表現をしただけで、本当はミクロの世界においてもマクロの世界においてもこの宇宙には波しかありません。これが真実です。

ただ、普通のスケールの波ならどんな大きさのエネルギーのやり取りでもできるのに、なぜかミクロのスケールの波は、基本的な量の1倍、2倍、3倍といったエネルギーのやり取りしかできないことが判明した。そこで、それを量子と名づけて、粒々のようなものだと仮定すると「エネルギーのやり取りが理解しやすい」ということになったに過ぎないのです。

一般の人が誤解しているように、決して「波になったり粒になったりしている」わけではないということです。

これは、初期にはまだ「量子」と呼ぶことにしたミクロのスケールでの波の性質に関してそこまではっきりわかっていなくて、本当に粒々の粒子が飛んできているのではないか、と思われていたからです。

1930年頃までは物理学者も「波かもしれないし、粒子かもしれない」と思っていたのです。なぜかそれがそのまま普及してしまって、いまだに高校の物理学では「波と粒子の二重性」などと教えられています。

ところが、実はそうではないということを知るのは、理論物理学の大学院で素粒子論を専攻し、「場の量子論」を学ぶときです。

ですから、一般の人やスピリチュアル系の人が、「量子は波と粒子の両方の性質があって……」などと言ってしまうのも無理はないのですが、そこでさらに「量子力学的にあなたは変われる」などと言い出すものだから、余計に世間を惑わすことになってしまうのです。

その点を踏まえた上で、量子論に基づいて、先ほどから何度か出ている「多世界解釈」によるパラレルワールドについてもう少しくわしく見ていきましょう。

量子論では、量子はいくつかの状態が重なりあった状態にあると捉えることから、多世界解釈ではそれを「別々のパラレルワールド（世界）に存在する可能性が重なっている」と解釈します。

多世界解釈とは、ヒュー・エヴェレット３世（１９３０〜１９８２年）という物理学者（当時はプリンストン大学の大学院生）が、１９５７年にはじめて提唱した仮説で、彼は「今、私たちがいる世界はたまたま観測したらこうなったという世界にいるだけで、他にももっと別の結果になった世界が実はいっぱいあって、その可能性を全部足し合わせたら数学的には整合性が成り立つ」ことを示しました。

ところが、当時、エヴェレットは単なる大学院生だったこともあって、物理学界ではほとんど笑い者になるだけで、誰もその解釈を持ち上げてはくれませんでした。

しかし、それまでのコペンハーゲン解釈では、いつまでたっても矛盾（観測問題や数学的整合性）が解消されず、これでは胸を張って量子論のことを語れないということで、徐々にエヴェレットの多世界解釈が脚光を浴びるようになってきたのです。

なぜなら、コペンハーゲン解釈では、電子の位置は正確に予測できず、あくまで確率で与えられるもので、その存在は広がりを持った波動関数で表され、観測の瞬間に波動関数の収縮によって電子の状態がひとつに定まるという考え方が採用されるのですが、この解釈では数学的な整合性が得られないのです。

それなのに、科学者としての良心がない常識に凝り固まった人たちは、「赤信号、みんなで渡れば恐くない」とばかりに、ずっとコペンハーゲン解釈を採用し続けてきました。

それに対して、エヴェレットの多世界解釈では、観測の瞬間、Aという状態を観測した人間と、Bという状態を観測した人間とが重なり合って存在している状態を表す波動関数があるだけで、私たち自身はその可能性のなかのひとつに過ぎないと捉えることができます。それにより数学的整合性が得られるのです。

そのため、良心のある物理学者は、次第にこの多世界解釈（並行世界）の立場を取るようになってきていて、僕も多世界解釈を認めてきました。

と、まあ、ここまではよいのですが、問題はここからです。

この「世界は同時並行的にたくさん存在していて、そのなかのひとつの世界にいるだけ」という物理学上の解釈を、まったく専門外の人たちが誤用、あるいは拡大解釈をして、「同時に別の世界があるんだから、そこを選べばその瞬間に別の世界へ行ける」かのように吹聴してしまっている。そこに大いに問題があるということなのです。

もしかすると、そこには「スピリチュアルな世界を何とかして認めさせたい」とか、「科学的な知識をひけらかすことで注目を浴びたい」などといった気持ちが潜んでいるのかもしれません。

しかし、真理はエゴとは無縁であり、物理学は普遍的な法則とそれに対して導かれた疑問をひたすら探究するものなので、それだけに厳格さや慎重さ、誠実さが求められます。ですから、今のところ

「形而上学（非物質世界）のことは形而下学（物理学）で記述することはできない」

ということを謙虚に認めることが大事で、それこそが科学する心なのです。

もちろん、科学とスピリチュアルは対立するものではありません。この形而上学と形而下学の両方を矛盾なく統一的に記述できる理論的枠組みとしては、たとえば僕が湯川秀樹先生から引き継いだ素領域理論があります。

とはいえ、スピリチュアルな現象を荒唐無稽なこじつけによって正当化しようとしたり、専門外の科学的な知識を、勝手に拡大解釈して振りかざしてみても逆効果、かえって墓穴を掘ることになりかねません。

そこにスピリチュアル系の人たちの落とし穴があるということを、ぜひ知っておいてほしいと思います。

時間という概念が存在しない理由

さて、「未来は過去の延長ではない」ということをご理解いただいた上で、ここからは、そもそも物理学から見た「時間というものは何なのか?」という問題に触れておきます。

先ほどから時間軸とお伝えしてきましたが、結論から先に言うと、実は**「時間というものはない」というのが物理学上の真理**です。

先ほど、床と天井の間に立っている1本の柱のような、過去と未来のパッケージはひとつの時間軸という話をしましたが、その場合でも、私たちが過去や未来という時間と思っているものは、このパッケージ（1本の柱）の間を記述するための方便に過ぎません。

つまり、ひとつの便利な手段ではあるけれど、本来、時間という概念は必要ないということです。

なぜ、時間がないかを説明するためには、僕の専門の素領域理論を持ち出す必要があるので、ここで簡単に説明しておきましょう。

素領域理論では、「空間の微細構造がどうなっているか？」を理論的に解明していきます。

そもそも、宇宙ができる前、つまり「最初の前」は何もありません。そこは、全体としての基準振動[※6]である完全調和のみの世界です。

その完全調和が、自発的対称性の破れの原理に従って崩れたことによって、分割された部分ができます。それは泡のようなもので、空間の最小単位という意味で「素領域」と呼ばれます。

これは素粒子ができる前の話で、物質ではない泡空間のみが無数に存在するのです。その泡は、基準振動である完全調和からポン、ポン、ポンと、1次元の泡、2次元の泡、3次元の泡、4次元の泡……といった具合にさまざまな大きさや広がりで生まれました。

つまり、完全調和のなかで、調和が崩れた部分である泡が無数にできて、その無数の泡の集まりがこの宇宙空間となったのです。そして、そのなかで一番多いのが3次元の泡で、この3次元の泡のなか（内側）に物質や肉体を構成する要素となる素粒子（量子）が存在しているのです（魂は泡の外である完全調和の側に存在します）。

泡自体は、シャボン玉がフワフワ動くようにエネルギーを持っていて、柔軟に形を変えながら、エネルギーを隣の泡に移すことができることから、泡と泡の間で相互作用が起きます。このとき、エネルギーが泡から泡に飛び移った量子を、素粒子と呼びます。

ようするに、ひとつの泡から隣の泡にエネルギーが移ったとする、それが素粒子の運動と呼ばれるもので、素粒子といってもそれは整数倍に変化する波としてのエネルギーなのです。

つまり、**完全調和が崩れた泡である素領域にエネルギーがあれば、そこに素粒子が存在している**と考えるわけです。

素領域理論についてさらにくわしくお知りになりたい場合は、唯一の一般向け解説書である拙著『神の物理学――蘇る素領域理論』（海鳴社）をお読みいただければと思います。

さて、ここから「時間はない」という話に移りましょう。

まず、完全調和の部分（泡の外側）は、物質ではありませんが、物質にたとえて言うと、**無限に硬い性質**を持っています。

しかし、それは同時に極めて希薄なものでもあって、かつて「エーテル」などと呼ばれた、光や電磁波などの振動を波として伝える媒質と同じものかもしれません。

そして、この完全調和全体を貫いている基準振動があります。**完全調和の部分が無限に硬いということは、振動が伝わる速さが無限大ということ**です。

ですから、完全調和、つまり泡の外側の部分は、そのなかにある泡が少しでも振動したら瞬時に同期してどこまでも無限に速い速度で伝わっていきます。

そして、この**無限に早い速度で伝わるメカニズムが存在するという事実**が、「時間はない」ということにつながるのです。

なぜ量子テレポーテーションが起きるのか

完全調和の部分（全体）は無限の速さで基準振動が伝わるために、そのなかにある泡のわずかな振動も端から端まであっという間に全体に伝達されます。

泡のなかはそれぞれの次元による制限がありますが、泡の外の完全調和の部分はまったく何も制限がない、だから、瞬間的に全体に情報が伝達されるわけです。

現在、実験によって離れた量子の間に瞬間的に情報伝達がなされる量子テレポーテーションと呼ばれる物理現象が起きることは確認されています。それは、その背後に完全調和の基準振動という未知なる伝達媒質があるからなのです。

これまでの物理学の理論では、物質の構成要素である量子（素粒子）が存在できる空間の最小単位としての素領域や、その素領域をすべて包み込んでいる完全調和を想定していません。

つまり、量子力学のシュレーディンガー方程式の背後にどういうからくりがあるか知らないために、なぜ遠く離れた量子の間にも瞬時に情報が伝わるかがわかっていないのです。

そこで唯一、私たちを真の理解に導いてくれることができるのは、この素領域理論だけです。泡（素領域）の外の完全調和の部分は、基準振動によって完全に同期していて、それゆえ泡から泡にエネルギーが移ったことも瞬時に、無限のスピードで情報を得ているのです。

くり返しになりますが、物理学においては、時間というのは単に異なる物理系に起きる出来事の相関関係を記述するための便宜的な道具に過ぎません。それは「お金」のようなものです。

私たちがお互いに物々交換をしなくてもいいように、等価交換の手段としてお金をやり取りしているだけで、お札自体に価値があるわけではありません。ただの紙です。

それと同じように、さまざまな自然現象や物理現象の相関関係について直接調べなくても、「時間」という道具を用いることで現象のからくりを記述できるのです。

とはいえ、時間というものが本質的な存在としてこの宇宙に備わっているわけではないということは、お金が本質的な存在として世のなかに備わっているのではないのと同様であると理解してください。

では、なぜ時間というものが存在しているように見えるのでしょうか?

それは、およそ80年前にイギリスで行われたある実験があって、それがひとつのきっかけになっています。

その実験によると、時間が存在しない静的な状況においても、その一部分で起きている出来事の関係性を記述すると、それはあたかも時間が存在するかのような振る舞いをしたからです。

その理由は、前述したように、完全調和が基準振動を持っていて、泡の集まりであるこの宇宙空間にも絶えず振動があり続けるからです。

その振動は情報のやりとりをしていて、その１振動ごとを、時計がチクタクチクタクと進んでいるように捉え、振動が１個、２個、３個、それの何億回重なったのが１秒というように置き換えれば、振動（情報）の相関性を記述することができます。

つまり、すべての泡の部分（素領域）は情報交換をしていることから、そのやり取りを記述するのに、時間を統一して、ひとつの時間で物事が進んでいくというように記述すれば矛盾がないことがわかります。

これが、時間という概念が生まれた経緯に他なりません。

人類が「時間」として表していたもの

話が込み入ってきたので、少しまとめておきましょう。

- 素領域という泡が無数に集まったものがこの宇宙空間。
- 空間をそのように定義した時点で、時間というものが発生する。それは完全調和の基準振動による素領域に対する作用。

・つまり、完全調和の部分（泡の外）の基準振動によって、時間という概念が生まれた。
・それを時間のパラメーターとして使い、泡が振動するエネルギーを素粒子と呼んでいる。
・そのエネルギーが隣の泡に移り、また隣の泡に飛び移っていく。物理学者はこれが「素粒子が運動している」「空間のなかを運動している」と見る。
・その飛び移っていく様子を数学的に記述しようとすると、時間とともに変化する確率変数として確率論[※7]で記述することができる。

ここで、確率論と量子論の関係について解説しておきましょう。

確率でしか予測できないというと、何かあいまいな感じがしますが、確率論であってもある程度予測は可能です。

たとえば、よくマーケティングなどでも使われる「中心極限定理[※8]」というのがあって、これは確率論的統計学における基本定理であり、調査における必要サンプル数の算出などに用いられます。

中心極限定理は、数少ない例外を除いて、母集団の確率分布がどんな分布であっても、サンプルサイズを大きくして平均を取れば、その値は、近似的に正規分布に従うという定理です。「大数の法則」とも呼ばれることがあります。

素領域理論では、エネルギーがひとつの泡から隣の泡に飛び移るときにどのような法則で飛び移るかはわかりません。

ところが、どの程度空間のなかを動いたかという位置の変動は、一回一回の泡の間のジャンプを全部足し合わせたものが量子の運動の確率変数となるので、中心極限定理が使えます。つまり、つりがね型（山の形）をした正規分布が示す確率法則に従ってエネルギーが動くことがわかるわけです。

エネルギーが泡から泡に飛び移っていく、それがこの宇宙空間のなかで素粒子が運動している本当の姿です。そして、それは数学的に、シュレーディンガー方程式にきちんと従っていることが確率論によって示されることで、量子力学の理論が正しいと認められます。

従来の物理学の理論では、時間は何のことかはわかっていませんでした。

とにかく時間というものを想定すると、さまざまな実験と照らし合わせて矛盾がないために、これまでは何とかそれでやってきたというところです。

しかし、素領域理論に基づけば、以上のように、すべて素領域の背後にある完全調和の基準振動で説明がつく、ということをご理解いただけたかと思います。

第3章

未来から
天使がやってくる
「パッケージ手帳術」

僕の魂が決めてきた人生の初期条件

さて、ここからは、主に僕のこれまでの体験を例にあげながら、パッケージ理論について解説していきたいと思います。

僕がジュネーブ大学の理学部理論物理学科の講師になれたり、アウトバーンを飛ばしていたときにシュレーディンガー方程式を導く、より深い方向の方程式をひらめいたり、日本に帰国した後も岡山のノートルダム清心女子大学大学院に教授として長年勤務できたのも、結果的に見たら「運がよかった」としか表現しようがありません。

これをパッケージ理論で見ると、多分、生まれてくるときにこの運のよい結果の未来を選んでいたということになるのでしょう。でも、そんな未来とつながるための人生の初期条件は、かなり特異なものでした。

それは、僕が生まれて物心ついたときにはすでに母親がいなかった、そして母親を知らないまま育ってきたということです。

つまり、僕自身が満足できる結末（ゴール）を迎えるためには、「母親を知らないまま人生をスタートする」という、子どもにとっては過酷な初期条件を設定せざるを得なかったわけです。

僕の場合に限らず、パッケージ理論では未来（終期値）と過去（初期値）がワンセットになっています。ですから、もし僕が、母親がいて母親にかわいがられて育つという初期設定をしていたなら、多分、宇宙の背後にある真理を見つけて死んでいくという未来には適合しなかったと思います。

だとしたら、未来をハッピーにするためには、過去はそんなにハッピーじゃない、かなり厳しい人生を歩むことになる。そこにひとつの法則性があるのかもしれません。

つまり、

「この未来にはこの過去しか適合しない」

といった形而上学的な法則に基づいて、それを子どもの魂が選んでやってくるということです。実際に、よくある立志伝でも、ほとんどの人たちが若い頃はとても苦労をしています。

蓄音機や白熱電灯など1000件以上の発明をした偉大な発明家トーマス・エジソン（1847〜1931年）は、とても知的好奇心が強く、小学生時代に先生に対して逐一「なぜそうなるの？」「なぜ？　なぜ？」と聞きまわった結果、退学になってしまいます。

同じように、小さい頃からとても探究心が強かったアインシュタインも、3歳の頃までは言葉をうまく話せず、勉強にしてもスポーツにしても学校の成績は決してよくありませんでした。

また、小さい頃から苦労の連続だったといえば、ヘレン・ケラー（1880〜1968年）です。

彼女は「見えない・聞こえない・話せない」の三重苦で心までふさぎ、幼少の頃はとてもわがままだったそうです。

でも、それが恩師であるサリバン先生との出会いによって、ひとつずつ言葉を習得していきます。

そしてのちにスウェーデンの物理学者であり、偉大な思想家として知られるエマニュエル・スウェーデンボルグ（1688〜1772年）の教えに触れたことで「神の真理」に出会い、やがて、社会事業家・著述家として世界の福祉活動に大いに貢献することになります。

つまり、彼女もまた、人生のスタート、初期条件は、とても厳しいものだったのです。

そのような立志伝に残るような人たちの、生まれてしばらくの初期条件と死ぬ前の条件をペアにして人生のデータを全部集めてみれば、そこに法則性を見つけることも可能なのではないかと思います。

時間は相対的なものとして認識される

パッケージ理論においては、未来と過去をセットで決めているというのは、その間のことが量子力学のシュレーディンガー方程式で決まるからですが、厳密には、その間はどれも「今」、「今」、「今」なのです。

ひとつのパッケージのなかの、始まり頃か終わり頃かという違いはあっても、それは相対的なものなのであって、未来と過去が決まった時点でのその間のことは、私たちの認識のスケールによって長くもなれば、短くもなります。

つまり、時間は本質的なものではなくて、相対的なものとして認識されるということです。

たとえば、地球の地殻は私たちの時間のスケールで見たら不動のように見えますが、ものすごく長いスパンで見たら確実に動いています。あまりにも時間のスケールが違うために、私たちにはわからないだけ。

そのように、その変化をどう見るかは絶対的なものではなくて、ゾウの時間なのか、アリの時間なのかによって相対的に違ってくるのです。

それは、あくまでスケールや観察者による相対的な違いであって、当事者にとっては、常に今という一瞬の連続でしかありません。

パッケージ理論では、時間は無我夢中になったときの一瞬、つまり「中今」しかないのです。

これは、「一炊の夢」という言葉と同様の意味です。

「一炊の夢」というのは、古代中国の唐に盧生《ろせい》という青年がいて、身を立てようと楚《そ》へ向かう途中、道士に枕を借りてひと眠りしました。

その間の夢で栄華を尽くした50年あまりの一生を送るが、目覚めてみるとまだ炊きかけの粟飯もできあがっていないほどの短い時間に過ぎなかった、という故事にちなんだ言葉です。

つまり、**人生を長いと感じるか、それとも瞬きのように一瞬と感じるかは本質的な差ではなくて、ひとつのパッケージのなかでは同じこと**なのです。

現に、宇宙カレンダーのスケールで見たら、私たちの人生どころか、人類の歴史さえもほんの一瞬の出来事です。

宇宙カレンダーとは、カール・セーガン博士（１９３４～１９９６年）がつくった１５０億年（現在は１３８億年が定説）に及ぶ宇宙の歴史を1年間に縮めたものです。それによると、宇宙の始まりを１５０億年前のビッグバンとして、その日を１月１日とすると、銀河系の誕生は5月１日、太陽系の誕生は９月９日、地球上で生命らしきものが現れ始めるのは９月25日頃、そして人類が登場するのは大晦日の夜の10時半であり、有史時代は午後11時59分50秒からとなり、宇宙の歴史から見たら人類史はほんの一瞬でしかありません。

ようするに、パッケージ理論では、時間は本質ではないし、しかも、設定条件は、人生の終わりと始まり以外は、どんなスパンでも設定が可能です。

つまり、生まれたときと死ぬときは、多分、完全調和の側の神様と自分の魂が決めている。けれど、その間は、どのパッケージを構築して積み重ねていくかは自分が自由に決めることができる。これがタイムライダーとしての自由意志の現れに他なりません。

これを山登りにたとえることができます。登山のスタート地点と自分が登る山の頂上であるゴールは、すでに決まっています。しかし、その間の登山ルートは、自分で自由に組み立てられるわけです。

つまり、人生というのは、積み木のように自由に組み立てられる、パッケージの積み木遊びのようなものなのです。

パッケージのつくり直しとは？

そのパッケージは、今日から来年の今日までの1年間でもいいし、1週間でもいいわけで、自分で好きな条件を設定すればそのような現実がもたらされるのです。

なぜなら、自分のなかに「こうなりたい」「こうありたい」という願望があるということは、かならずそういう未来設定がなされているからです。

第１章でお伝えした「フェラーリがほしい」という願望なら、その未来設定を、たとえば「３年後にフェラーリを持っている」と思い描けばよくて、これが過去と相まって今にもたらされるのです。

このように、**ひとつのパッケージを自由に設定することができるのが、タイムライダーである私たちに与えられた自由意志**です。

未来の設定条件は、３年後にフェラーリを持つこと。それ以外、アフターのこともビフォーのことも考えずに、３年後にフェラーリに乗っているという自分を想定して生きる。そうすると、このパッケージが現実化するのです。

では、僕の場合はどうだったかというと――高校生の頃は、ＵＦＯと宇宙人を研究したいという願望を持っていて、短いスパンでは天文学科に進学しようというパッケージで生きていました。

ところが、実際に大学の天文学科に入ってみたら「天文学科はＵＦＯや宇宙人なんか研究する場所じゃない」と言われてしまいます。

そこで、「じゃあ、京都大学の大学院に入って理論物理学を学ぶ」というようにパッケージをつくり直したのです。

京都大学には湯川秀樹博士というすばらしい理論物理学者がいらっしゃったのを知っていたのですが、もう退官されていらっしゃいました。

でも、とにかく京大に進まないと理論物理学分野では話にならないと聞いたので、パッケージをつくり直したわけです。

京大の大学院に入ってからも、ことあるごとにその都度パッケージを再構築しました。

そのおかげで、結果的に、僕の夢がかなえられたからよかったし、その間、さまざまな不思議体験をたくさん経験できて「運がよかった」と思えるのです。

もし、天文学者になるというパッケージの流れのまま放っておいたら、そこに素粒子が集まって観測問題のジレンマが起きたことでしょう。そして、ずっと天文学科に居続けることになり、結局、幸運には恵まれなかったかもしれません。

京大の大学院に入ってからも、僕はパッケージを積み木していきました。

大学院に入ったのはよかったものの、湯川博士のような研究をされている先生はもういなくて、あたりを見まわすと重箱の隅をつつくような計算をしている大学院生ばかり。結局、僕はそこで指導教官とケンカをしてしまい、また新たなパッケージをつくることにしました。

それは、湯川先生の右腕で、湯川先生と同じ研究を続けている先生（物理学基礎論の専門家である高林武彦教授）が名古屋大学にいらっしゃるのを見つけ、「今度は名古屋大学の高林先生のところに受け入れてもらおう」という設定に変えたのです。

京大の大学院から名大の大学院への編入試験では、10余人もの志願者に対して1人しか合格できない高倍率のなか、奇跡のような形で合格を果たすことができました。

ところが、いざ編入してみたら、大学院の先輩はみんな博士号を取っても就職口がないため、オーバードクターでくすぶっていることがわかりました。そこで、

「このままでは俺も同じことになる。でも、絶対にそうはならないぞ」と発憤し、またそこでパッケージをつくり直して、今度は外国の偉い先生に手紙を書いて送りまくりました。

それまでに僕は2年間に8本もの論文を欧米の専門誌に発表するなど、精力的に研究活動に励んだこともあって、「せっかくだし海外の大学に就職しよう」と思ったからです。

そうしたら、そのなかで、スイスのジュネーブ大学の教授が僕の手紙を読んでくれて、またしても奇跡といえる形でジュネーブ大学への就職が決まり、渡欧することになります。

そして、スイスからドイツの大学に出張講義に行く途中、ドイツのアウトバーンで愛車のランチアを高速で走らせていたところ、時速190キロメートルを超えたところで超感覚的な状態に陥り、「額《ひたい》の裏としか表現できないところ」に数式が浮かび上り、これがシュレーディンガー方程式を導く「Ｙａｓｕｅ方程式」となったのです。

ピンチのときがパッケージをつくるチャンス

こうして、「まれに見る発見」や、「宇宙の背後に隠れているさまざまな真理を見つける」という理論物理学者としての夢がかなったわけですが、それは僕がこれまでそのときの直感や自由意志でパッケージを組み替えてきたからに違いありません。

なので、僕は今、神様と魂が初期設定していた僕の人生の最終局面に向かっているのだということを強く実感しています。

とはいうものの、若い頃はパッケージ理論のことなどまったく知らなかったので、ただただ無我夢中に生きてきたわけですが、今改めてふり返ってみれば、「あぁ、その都度パッケージをつくり直していたんだな」と思えるのです。

では、そのパッケージをつくり直すことになった動機は何だったかというと、指導教官とケンカをしたり、このままだと就職もままならないという危機感であったり、すべては**追い込まれたがゆえの不安がきっかけ**でした。

同期の大学院生たちからは、「お前、いい加減、大人になれよ」とか、「いつまでも自分が好きなことだけで生きていけるなんて思っちゃ駄目だよ」などと言われ続けました。僕がジュネーブ大学に就職するという噂を聞きつけた大学院生のなかで、当時一番優秀だった同期生がわざわざ僕に会いにきて、「何でお前なんかが、そんないい場所に行けるんだ？」などと嫌味を言われたこともありました。

なぜそんなことを言われたのかというと、僕は同期のなかで一番の落ちこぼれだったからです。

優秀な大学院生たちから見たら、僕は、敗者であり負け犬。それなのになぜか最後で僕がジュネーブ大学の講師として採用されたと聞いたものだから、よほど腹が立ったのでしょう。

でも、僕からすると、そこに至るまでの揺るぎない自信があったわけではないし、もともと気が弱いタイプでした。今思うと、むしろ厳しい状況に追い込まれて、仕方なくそういう選択をしてきただけなのです。

最初に例にあげた2月13日の出来事にしても、３人の東京の秘書たちが僕抜きで新年会を楽しく催していた、僕からすると、その未来からの影響によって僕自身が追い込まれていたのです。つまり、未来の出来事によって追い込まれていたからこそ、そのときの僕のハッピーな気分とはまったく逆の、イラ立ちや怒りが沸々と湧いてきて暴言を吐き散らしていたというわけです。

未来の影響が今に反映されて追い込まれるような状況があるとすれば、新たなパッケージをつくり出すために、あらかじめ自分がそのように設定しているということなのです。

言い換えれば、**幸運の神様からパッケージの選択を促されている**のです。

ですから、そこで頭でいろいろと考えたり、人の影響を受けて合理的な判断をしたりしないほうがよいのです。そんなことをしたら、せっかくのチャンスが失われ、最悪の事態を招きかねません。

なぜなら、**無意識的であっても、自分の魂が設定したパッケージのなかでは自分が神様で、その神様に任せる、全部を託しておけばすべて間違いがない**からです。

そこで、自分の自由意志でパッケージをつくってしまえば、その間、夢がかなうまでは努力をしなくても大丈夫！　ただただ日常の目の前のことを淡々とこなしていくだけで、パッケージの神様が自然にその未来に導いてくれるのです。

いわば、自分がつくったパッケージの神様への全託というわけです。

そこで、一番大事なことは、自分のパッケージは自分の自由意志でつくる、自分はこうなるという未来のビジョンを自分が決めるということなのです。

置かれた場所に執着しない

自分のパッケージは自分でつくる、それさえしておけば、自分が望んだような状況がもたらされます。これがタイムライダーの真骨頂。

よく「宇宙に委ねる」という表現がありますが、大事なのは、他人がつくった宇宙ではなく、自分の宇宙、自分が設定したパッケージの神様に委ねましょう、ということです。死という終期値、すなわち人生の最終ゴールに関しては、すでに完全調和の側の魂が決めているので、あまりいじらないほうが無難です。日常的に新たにつくるパッケージは短いスパンがよくて、あまり長いタイムスパンで組もうとすると無理が生じます。

人生のさまざまな局面で、かなり追い込まれたり、「ちょっと違うな」と思えるようなときは、短いタイムスパンでパッケージを再設定しながら、僕のようにその都度パッケージの積み木をしていけばいいのです。

特に、日本人は「置かれた場所で咲きなさい」という言葉にとらわれやすい傾向がありますが、**置かれた場所がひどければ、もっと自由で楽しい場所を設定し直せばよい**のであって、そこでずっと我慢し続けることはありません。

一度設定したことをずっとそのままやり続けるのは、ロボットやＡＩ（人工知能）と同じです。それは「未来は過去の延長でしかない」という唯物論や機械的な発想であって、人間の自由意志が入る余地はありません。

そうではなくて、人生を変えたければ、その都度パッケージを自分の自由意志で決めて積み上げていく。その連続によって結果的に自分で設定した願望がかなうのです。

ですから、未来からの影響で追い込まれてパッケージを再構成するときには、僕がそうだったように、過去のデータからの演えきや一般常識的な価値判断などではなく、**自分の直感的な判断や非合理的な行動をしてしまう**ものなのです。

それを理解していただくために、ここで僕の体験談をふたつご紹介したいと思います。

ひとつ目は、僕が名古屋大学の大学院に編入試験を受けに行ったときの話です。

名古屋大学の近くで不動産屋を探そうと思って乗り込んだ地下鉄の車両のなかで、ふと見たらすごい美人がいたので、僕は彼女に見とれて思わず後を追って行きました。

その女性が途中のある駅で降りて地上に出たので「その駅の周辺には何があるんだろう」と、僕も地上に出ました。ところが先ほどの彼女の姿がまったく見えなくなっていたのです。彼女を探してキョロキョロしていたら、ふと振り返ったところに小さな古い不動産屋を見つけました。

そこで、不動産屋のおばさんに「すみません。名古屋大学のできるだけ近い場所に物件を探しているんですが……」と聞いてみました。

「職業は?」

「大学院生です。お金がないので、できるだけ安い物件がいいです」

「名古屋大学の大学院生?」

不動産屋さんにそう聞かれた僕は、まだ編入試験に受かってもいないのに、なぜかその瞬間「はい、そうです」と口走ったのです。

すると、「ちょうどいいのがあるよ」と、ある物件を紹介してくれました。

名古屋大学のキャンパスの隣に神社があるのですが、紹介されたその物件は、神社境内にある社務所の隣に並ぶ、古い小屋でした。不動産屋さんは、「そこが無人になっているので安い賃料でいいよ」と言ってくれました。

僕は、「安いし、万が一名古屋大学に受け入れてもらえなくても、ダメだったらすぐ解約すればいいや……」と思って、その場で契約したのです。

その後、無事、編入試験をパスして名古屋大学の大学院に通うことになりましたが、住むところがすでに決まっていたため、あらゆることが非常にスムーズに運びました。

あのとき、目を見張るような美人を発見して、ほとんど無意識に身体が動いて後を追った。すべてはそのおかげです。

これも、そのときに直感的に短いスパンのパッケージをつくったからだと思います。

パッケージづくりは直観でいい！

もうひとつの僕のパッケージの実体験は、僕の下の娘に関する出来事です。

娘がまだ小さい頃、僕が映画館にＵＦＯものや宇宙人ものの映画を観に行くときによく一緒に連れて行っていたせいか、高校３年生になってから、国立大学の航空宇宙工学科に行きたいと言い出すようになりました。

しかし、中学、高校ともかなり好きにしていたので、進路指導の先生には「国立なんて１年浪人しても絶対無理」などと言われていたのですが、僕は娘の進路は娘が自由に決めればよいと考えていました。

センター入試を受けた後に、僕が「どうだった？」と聞くと「いや、全然」という調子だったのですが、それでも仙台の国立大学の航空宇宙工学科の試験を受けるというので、僕は子どもには甘い親として一緒に仙台まで着いて行くことにしたのです。

本人が大学で入試を受けている間、僕は何をしていたかというと、不動産屋に行って娘が春から住める部屋を探すことにしました。

もちろん、受験に受かるかどうかはわからないし、むしろ高校の先生の言葉を信じるなら、落ちる可能性が高いです。

でも、僕は何の根拠もないまま大丈夫だろうなと思い、娘の住む場所を決めてやろうと思って不動産屋に行ってみました。するとちょうどいい物件があったので、その場で契約をしました。


娘が「あー、疲れた」と言いながら試験会場から戻ってきたので、「おい、一応、いい物件、見つけといたから」と伝えたら、娘は「ああ……」と一言。

もしかしたら、本人も意外に手応えがあったのかなとも思って後で聞いてみたら、そんなことはなくて、「本当に親父はアホなことをするなぁ」と口がふさがらなかっただけとのこと。

ところがです。

結局、娘は自分が希望していた学科に合格して、僕が決めた部屋に住むことになったのです。僕には娘がかならず合格するという予兆があったわけではなくて、ふと気がついたら不動産屋の前にいて、何気なく入ってみたら、「これなんか新築でいいですよ」などと言われてトントン拍子に事が運んでいったという感じでした。

今、ふり返ってみれば、このふたつのケースに共通しているのは、過去の出来事やセオリーにとらわれていない、そして常識的な判断もしていない、ということです。普通なら、「そんな馬鹿なことはやめておいたほうがいい」などと言われるようなことを、まったく意に介することなく、そのときの自分の感覚、直感で決めてしまっただけなのです。

ここで重要なポイントは、多くの人は、自分のなかに将来に対する漠然とした不安や怖れがあるために、まわりの意見や常識に左右されたり、忠告されたりすると「そうかな……」と思って**自分の自由意志ではないパッケージを設定してしまう**ということです。

そうすると、**本当は自分が望んでいない未来が設定されてしまって、望ましくない出来事が短いスパンで何度も降りかかる日常**になってしまいます。

それゆえに、他人がつくったパッケージをうらやましがったり、他人と比べて落ち込んだりするということになってしまいます。

それに対して、何か追い込まれた状況であっても、それを逆手にとって、他人の言葉や常識、世間体などを無視して、そのときどきの自分の自由意志や直感に素直に従って動いてみる。そうすると、過去の延長線上の枠から外れた思わぬ展開が待っていて、結果的に、望みどおりの現実がやってくるのです。

しかも、これまでの僕の経験から言えることは、パッケージのなかの思わぬ展開には、追い込まれるような状況とともに、完全調和の側、つまり神様からの思いがけない働きかけもあるようなのです。


僕が名古屋大学の試験を受けに行ったときの、地下鉄でたまたま見かけた目を見張るような美人。もし僕が1本違う電車に乗っていたらお目にかかることすらなかったわけで、それだけでもすごい確率です。

そして、声をかける気など毛頭なかったのに、なぜか身体が引っ張られるように勝手に彼女の後ろを追って行ったのですが、思い返すと、完全に怪しい人物ですね。

地上で彼女を見失ったときは、まるでキツネにつままれたような気分でした。彼女は普通の速度で歩いていたので、少なくとも半径5、6メートル以内にいるはずなのですが見まわしてもどこにも姿はなく、まるで消えてしまったとしか思えなかったのです。

もしかしたら、彼女は天使だったのかもしれません。なぜなら、僕はそれ以降も大腸がんで緊急手術をしたときや、ルルドの泉に水を汲みに行ったときも、今考えれば天使としか思えない存在に出会ってきたからです。

それもこれも、僕が追い込まれた結果、直感という形の自由意志でパッケージを再設定していたからかもしれません。だとすれば、完全調和の神様は、私たちが自由意志でパッケージを設定した段階で、未来からの使者を送り出してくれている可能性があります。

言い換えれば、**こうあろうという未来を設定した段階で、本当はもうそれが決定されているにもかかわらず、人間の認識がそれに追いついていないだけ**なのではないでしょうか。

いずれにしても、理論物理学的に言えることは、未来を設定してパッケージができれば、幸運の女神がやってくる！　僕にとってそれは美しい女性であって、まさに「馬の鼻先にぶら下げられたニンジン」なのです。

パッケージは死の運命をも超えられる

僕には昔からほしいものがいくつかありました。そのなかのひとつが、戦闘機です。でも、いくらほしいからといって、若いころはそれが手に入るという現実感はありませんでした。

ですが、今、岡山の土地には、エアストリームという銀色のキャンピングカーと一緒に、戦闘機が並んでいます。

一見むずかしそうな未来でも、パッケージの未来に設定すると、その人がパッケージの流れに抗うことがなければ、かならずそのとおりになります。

ただし、念のためにお伝えしておくと、大きな未来を設定すれば、未来からの影響が激しさを増すので、パッケージ自体が過酷なものになることもあります。

僕が一番追い込まれたのは末期の大腸がんで死を意識したときです。始めは腸閉塞の手術のつもりが、手術が終わって麻酔が覚めたら、いきなり末期がんだったと知らされ、しかも転移する可能性があると告げられました。

主治医から「長くもって2年、早ければ2ヶ月」と、はっきり余命宣告されてしまいました。

そこで、僕はすぐに岡山の自宅の整理をしておこうと決めました。

その家は、父親が建てた立派な日本家屋でしたが、その家を解体し更地にしてもらうことにしたのです。更地になってしまいさえすれば、遺された娘たちにとってもメリットが大きいと思ったからです。

建築会社の現場監督に病室から電話をして、「悪いけど、僕はあと3週間ぐらい入院しなくちゃいけないので、その間にあの家を全部壊して更地にしておいて」と頼みました。

現場監督は「えっ、建てたばかりですが、本当にいいんですか?」と驚いた様子で、入院中も何度か連絡をくれて、「本当にいいのか」と確認されました。

「いいからやって」と頼みながらふと、あの土地が更地になった姿を想像していました。

今思えば、この瞬間、パッケージをつくり替えたのだと思います。

手術当日。手術室に運ばれるときに、不思議なことが起こりました。ストレッチャーに乗せられた僕に、ずっと励ましの言葉をかけ続けてくれた美人の看護師さんがいたのですが、後で周囲に確認したら、そんな女性はどこにも存在していなかったとわかったのです。

僕は手術中、2分30秒間死んでしまいました。医師たちの努力で生き返ることになったのですが、そんな追い込まれた状況のなかで、もしかしたらパッケージの神様が未来から天使を送り込んできてくれた……そう考えれば、すべて納得できます。

そしてその数年後、岡山の土地には、僕が長年ほしかった戦闘機がやってきました。普通なら戦闘機を置ける場所の確保なんて相当大変ですが、あのときパッケージをつくり替えたことにより、死ぬパッケージではなく、戦闘機を手に入れるパッケージを歩むことになったのです。

だから天使が未来からやってきてくれた！
逆に言うと、自分の自由意志で未来を設定しないと、天使は現れてくれないということです。

本当なら、長くもって2年だった僕の命が、今、こうやって次の人生、ハッピーな人生を20年も歩むことができているのは、短いタイムスパンのなかでパッケージを組み替えてきたからに違いありません。

ですから、もしもあなたが、これまでの人生が心から幸せだと思えなかったり、「こんなはずじゃない」と思っているなら、それはたぶん、**あなた以外の誰かが設定したパッケージに無理に合わせようとしているから**なのです。

今、あなたは、あなた自身が自由意志で設定したパッケージのなかにいますか？
もし、何となくそんな気はしないと思うなら、今からでも決して遅くありません。
あなたも、僕のように「本当になりたい自分になるためのパッケージ」を、タイムライダーとして自分で描けばいいのです。自分がこうなろうと思える夢を設定し、先にパッケージが決まれば、その世界がちゃんと訪れるのです。

自分だけのパッケージをつくろう

僕の目から見たら、自分のパッケージを再設定すればもっと人生が楽しくなるのに、多くの人がワンパターンのパッケージのままか、他人のパッケージに流されているように見えてなりません。それは、自分が映画監督であり、主人公でもあるのに、ひとつの決まりきった物語の演技をし続けていたり、他人がつくった物語のなかで脇役をやり続けているようなものです。

自分でパッケージを再設定できるというのは、さまざまな映画のいろいろな物語を自由に演じられるということです。

僕は、若い頃からハリウッド映画やフランス映画が大好きで、おまけにＳＦ映画やアクション映画など偏ったものばかりを観てきました。今思うと、そんな映画をたくさん観てきたおかげで、何かあるとすぐに自分のパッケージをつくる習慣ができていたのだと思います。

僕の場合、すぐに映画の主人公になりきってしまう反面、期待どおりではないとすぐに映画館を出て、他のおもしろそうな作品を探して映画館をはしごをするクセさえあります。

海外のテレビドラマの場合でも、主人公と同じ服を探してきてそれを身にまとったり、セリフや行動も全部まねて主人公になりきったりします。

これは、自分が映画監督や主役として、なりたい自分の成功物語をその都度積み木をしてきたようなものです。そう考えると、僕の人生は、節目、節目でいろいろな映画の主人公のような行動をしてきたのかもしれません。

そこで大事なのは、いい映画、おもしろい映画ほど、単純なストーリーや先が読めるような展開ではないということです。つまり、奇想天外だったり、意外性があったり、泣き笑いやどんでん返しがあって、最後には感動するような展開になっている。そのほうが飽きないし、観ている人もそんな主人公の生きざまを真似したくなるはずです。

考えてみると、僕はそんな映画をたくさん観てきたおかげで、これまで僕が設定してきたパッケージも確かに意外性に満ちていました。

とりわけ、僕は映像記憶が得意なので、それまで観た映画のなかから「今回はこの主人公とあの主人公を組み合わせよう」と自分の都合のいいように設定していたため、参考になる素材がたくさんあったということではないでしょうか。

映画を観て、ただ一時的に主人公になりきって終わるのではなくて、そのイメージを自分なりに組み合わせながら、自分が実際の主人公として現実を再編成している。

つまり、こういうことです。映画を単につくられたものとして観るのではなくて、その物語のなかに完全に入り込む。

そして、それを何度もくり返しながら素材をたくさん集めて、自分なりにカスタマイズしていく。そのように、自分のパッケージをつくることで、未来からの使者である天使がやってくるのです。

あなたの前に現れるその天使は、きっと想定外の姿で現れることでしょう。そのとき、**過去の延長線上で考えたり、余計な分析をしたりせずに、ただただその未来の予兆と天使に委ねてみてください**。

そうすれば、あなたのなりたい未来が、今という現実のスクリーンに現れてくるのです。そこで重要なのは、それはあなたのパッケージのなかであなた自身が創造した現実なので、他の人の認識とは違っているかもしれませんが、違っていていいということ。

現に、僕にはよくそんなことがあります。たとえば、僕と一緒に会話をした人との間で、後で確認してみたら話が食い違っている。

同じことを僕はAと言い、彼はBと言う。でもそれは、お互いにパッケージが違うからです。

つまり、**自分のパッケージのなかの出来事は、自分にしか見えていないということ**なのです。同じ場面を共有していても、その人はその人のパッケージで見ている、しかも、自分でパッケージをつくっていない人のほうが多いので、僕の現実認識とは違っているのです。

でも、それでよいのです。理論物理学的に見るとそれが真理なのですから。

そう、あなたがあなたの願いを現実化できるか否かは、いかにあなただけのパッケージをつくることができるか、その都度自由意志で再構成できているかということです。

未来への兆しを可視化する「パッケージ手帳術」

ここで、自分だけのパッケージを簡単につくることができる、とっておきの方法をお伝えしましょう。それは、僕が長年、習慣にしてきた少し変わった手帳の使い方です。

僕は独特の手帳の使い方をしていて、ここ数年間の手帳を見て気づいたのですが、どうやら結果的にこの使い方がパッケージをつくる手段になっていたようです。

つまり、僕が神様に愛される理由は、この手帳に秘密があったということです。


一般的な手帳の使い方は、仕事やプライベートの予定を忘れないように書き込む、というのが主流だと思います。

それだけだと、手帳自体にパッケージが書き込まれていかないため、時間は過去から未来に向かって流れていくという古い考えに支配されてしまいます。

すると、新たなパッケージをつくる機会を見失ってしまう。

そうではなくて、**設定する「未来」を先に書き込んでみてください**。

まず「こうしよう」という未来を、手帳に書き込んでしまうのです。たとえばそれは、会いたい人に会えることや、手掛けているプロジェクトが大成功することだったりします。

この段階で、今持っている本当の願いを見極めることが重要です。先ほどお話した、射程圏内の願いか否か、という見極めです。

いくら好きだからといって、「1週間後にアイドルの○○さんと結婚する」というのを書いても、むずかしい場合があります。どういった場合かというと、あなた自身がそれを信じることができていない場合、決して実現はしません。

たとえば、あなたがこれまで生きてきたなかで、「結婚するには出会って、半年はおつき合いをするものだ」という常識を持っていたら、1週間後、それを実現させることはできないということです。理由はあなたが望んでいないから。

だから、「こうしたい」ではなく、「こうしよう」で決めてください。「こうしよう」には、自分自身ではそれを信じることができない、という要素が入ってこないからです。

ここでは「こうしよう」を書き込んだ日を、**パッケージの「コンプリートデー」**としておきましょう。

コンプリートデーの設定は、個人的には**1週間後**をおすすめします。理由は後ほど解説します。

それからやることはとてもシンプルです。

コンプリートデーまでに日々起こった出来事のうち、なんとなく印象に残っていることを、該当する日にちのところに毎日メモしていくだけです。

ちなみに僕は、科学的に説明がつきにくい不思議なことが起きたときは「緑色のマーカー」でその日を大きく囲み、人から見ればめずらしいことが起きたときには「緑色のボールペン」でメモを書き入れています。

すると、設定した未来と実際の結果の相関関係が一目瞭然です。

この**パッケージの見える化**がもっとも大事なのです。

そして、この手帳をどこに行くときにもかならず持ち歩いて、朝晩、あるいは時間が空いたときには、ただボーっと眺めます。

僕の場合は、手帳を使って先に未来を設定していたことになっていたのですが、実はほんの最近このことに気がついたのです。それから自分の人生になぜ毎回このような奇跡が続いていたのか、はっきりわかるようになりました。

今思うと、この習慣が長年続いていたことで、いつの間にかパッケージの積み木習慣が自然に身についていったのだと思います。

そして、無意識にやっていたパッケージのつくり替えによって、最近大きく変わった点があることにも気づきました。

それは、僕がそれまで積み上げてきたパッケージにはなかった「男の人との対談・対話」です。

僕は、男性といるとなぜか緊張してそれがストレスになるので、それまで男性との対談を極力避けてきました。ですが、もしかしたらそれも意味があるのかもしれないと思うようになって、美人秘書に「男の人もよっぽどじゃない限りは会ってみるよ」と伝えて以来、秘書が男性との面談の予定を組んでくれるようになりました。

それで、僕も自分の手帳に「いついつに○○さんと会う」と仕事で男性とお会いす

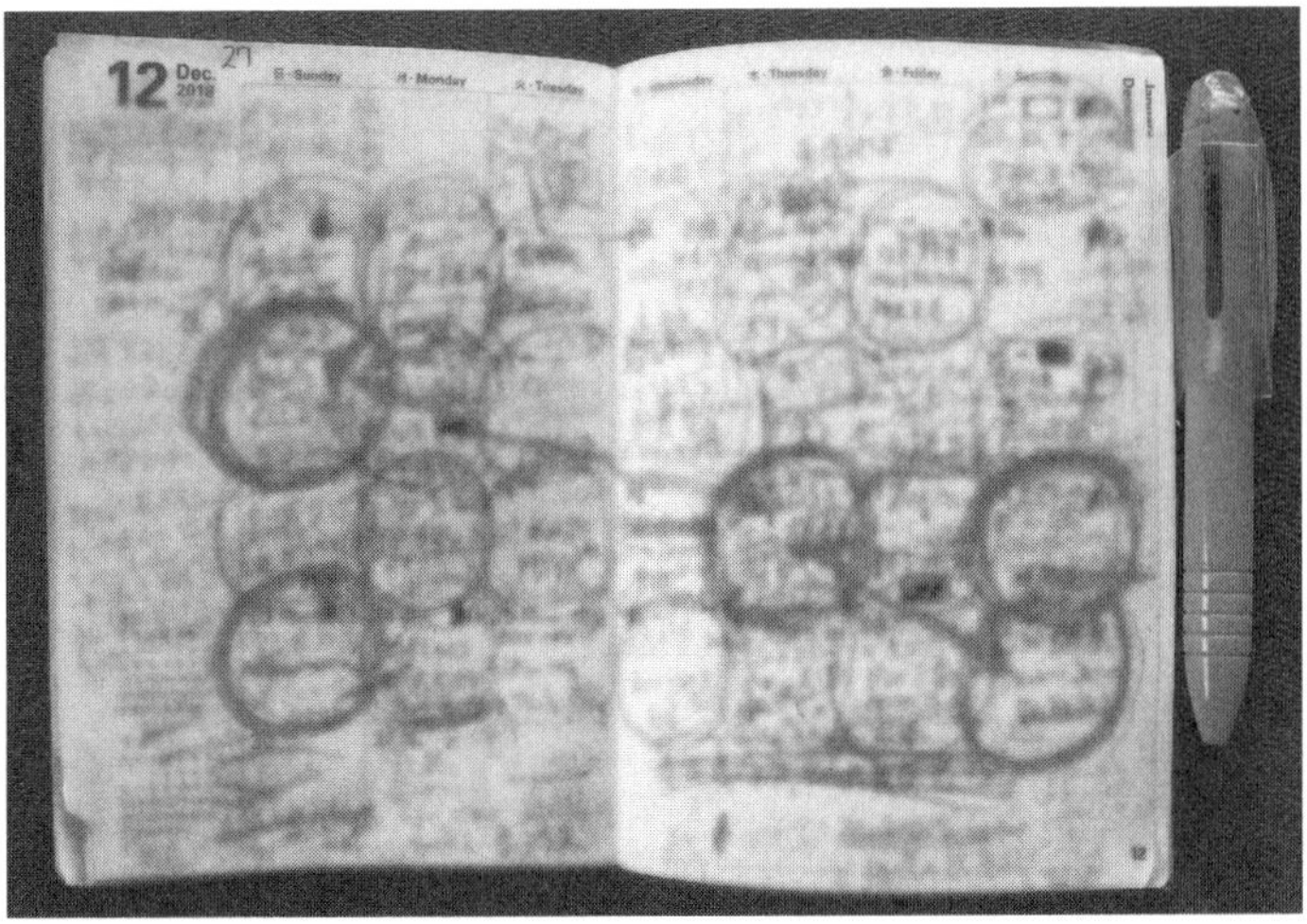
12
Dec.

#COACHSPACE
I BELIEVE
2019
2018
2017

る予定を書き込むようになったわけですが、そうしているうちに、設定した未来と実際の結果が見事に一致し、その間にやはり未来から天使がやってきたとしか思えないような現象も度々起こるようになりました（事例は次章で紹介します）。

つまり、このようにパッケージを意識した手帳をつけることよって、未来を設定することで、現実に起きる結果が確かに導かれているという真理が目に見えてよくわかったのです。

実は、これは日本人が古代からやってきた「予祝《よしゅく》」という習慣ともよく似ています。予祝とは、文字どおり**「予《あらかじ》め祝福をする」、つまり前祝いのこと**で、先に祝うことによってその現実を引き寄せる働きがあります。

お花見の由来はこの予祝にあるといいます。その年の秋の収穫が豊作になることの前祝いというわけです。つまり、自分の望みがかなった祝いの場を先につくっておくことで、その場にふさわしい出来事が具現化してくるという事実が知られていたからこそ、この予祝の秘儀が伝えられてきたのではないでしょうか。

先述しましたが、手帳のいいところは、誰でも簡単にパッケージの流れを見える化できるというところです。

今までの成功法則では、たとえ成功しても、**なぜ成功したのかを認識することは非常に困難**でした。

だから、「引き寄せた」とか「運がよかった」という言葉で、なんとなく片づけていたはずです。

でも、手帳に書き込んでいくと一目瞭然です。パッケージのコンプリートデーのために、どんな要素が用意され、そこにあったつながりが見える化されているから、自分の成功までの道が完全に理解できるようになります。

コンプリートするための要素は、本当に些細なことだったりするのです。普通に過ごしていると、日常生活に埋もれて、ほとんど気づくことができないほどです。

しかし、日常を記録していくだけで、その些細な出来事が、パッケージコンプリートのためには必要不可欠なピースだったことに気づけるようになるはずです。

脳科学から見た、パッケージの見える化の利点

脳科学の観点から見てもこの方法は理にかなっているし、非常に効果的です。

やる気を司る脳内ホルモンのドーパミンは、物事を達成してから出るだけでなく、「達成しそう」という期待感を持った時点でも分泌されます。つまり、期待が大きいほどドーパミンが大量に分泌され、それだけ気力もみなぎって、好循環が生まれやすくなるのです。

また、明確な目標やゴールを持つことによって、脳幹網様体という部位が活性化して、目標を達成するのに必要な情報が自然に集まってきます。これは、「フロー」や「ゾーンに入る」と呼ばれるような無我の境地に近く、そのため、無理なく願いがかなうようになるというわけです。

そして、先ほど少しお話ししましたが、**パッケージ手帳術を使う場合、僕は「1週間単位のパッケージ」**をおすすめします。

旧約聖書では、1週間で世界を創造したとされる神が、まず「光あれ」と言って世界を設定したように、1週間先から始めるとパッケージの中身がよくわかるからです。

人間の脳は優秀ですが、パッケージの目標を記憶しても、それを思い出す、記憶の棚から引っ張り出してくることは苦手です。苦手どころか、たとえば1ヶ月前に目標を決めていたとしても、日常的にいかにして怠けようか、休もうか、という生存本能を司る部分をいつも働かせてしまいます。

その点、1週間であれば手帳を開くたびに目に止まるため、意識して引っ張り出してこなくても思い出すことができるはずです。

ぜひとも、あなたの自由意志で、あなたの1週間のパッケージを作ってみてください。このパッケージ手帳に書いたことは、絵空事のパラレルワールドではなく、自分で自分の未来を設定することができる、とても実用的なツールなのですから。

まず、あなたの望む1週間後の自分を決めることで、天使を呼び込みましょう。それを決めたら、あなたは「今」を、ただあなたの決めた未来と天使に委ねてください。

そうすると、天使とともに未来からの予兆、サインがあなたの前に現れてきます。

少しでもそのサインに気づいたら、それを手帳に思うままに書き出してみてください。どんな天使が現れたのか、どの人が天使だったか、どんな出来事が天使によって与えられたのか、それはその場でわかるかもしれないし、1週間経ってからわかるかもしれません。ただ、感じたままに手帳に記録しながら、未来で設定したこととその出来事の間に、どんな関係があるかにも目を向けてみてください。

そして、いつでも手に持って、気が向いたときに手帳を開いてください。そうやって自分の過去をふり返ってみましょう。1週間のパッケージのなかでどんな変化があったか、そこで気づけることがあるはずです。それは、先に未来を決めておけば、現実がそのようになっていく、つまり「自分が自分の現実を創造していた」という実感に変わるでしょう。

そう、まさにあなた自身が創造の主体なのです。あなたがあなたの人生の主人公であり、あなた自身が小さな神様なのです。

そこで、改めて自分自身にこう問いかけてみてください。自分が神様だったら、1週間後の未来の自分をどう描くかと。

この手帳は、神様の分霊《わけみたま》としてのあなた自身が、自分だけのパッケージを創造するためのツールです。もちろん、あなたの内なる「神様力」を活かすも殺すもあなた次第。神様がこの世の物語（映画）をつくって、それを眺めているように、あなたも自分の物語を思うままにイメージしながら、天使たちと一緒にそれを未来から眺めてみてください。そうすれば、これまでの僕の人生のように、あなたもきっと、神様に愛される人生を大いにエンジョイできることでしょう。

『パッケージ手帳』の書き方

1 パッケージ手帳は、時系列を逆にします。つまり、未来の予定から先に書いていきます。手帳はなんでもOK。

2 未来は直感的に思いついた内容が大事なので、「ボールペン」を使って書きましょう。書き直しができなくなるため、直感が働きやすくなります。

3 もし今日が日曜日なら、1週間後の日曜日がコンプリートデーです。そのスペースに「こうしよう」という予定を書き込みます。これにて、パッケージWeek（ウィーク）がはじまります。

パッケージWeekでやることは、夜リラックスしているときに、その日実際に起きたことや、気づいたことのキーワードだけを、毎日手帳にメモしていくということ。

4 パッケージWeekのうち、普通ならあり得ないような、すごいことが起きたときには、太字かボールペンの色を変えてメモしておきましょう。

5 コンプリートデーになったら、その日までのメモを全体的に見て、「こうしよう」と思った未来と、メモが織りなす関連性を見ていきます。

6 パッケージ手帳を使っていくうちに、設定した未来と、実際に起こる出来事の関連性が増えていくはずです。それを実感していきましょう。

パッケージWeek（ウィーク）の例

Sun.（日） 久しぶりに〇〇からLINE	Sun.（日）　イチゴのケーキになった！ ケーキを焼く
Mon.（月） 〇〇とランチ	Mon.（月） コンプリートデー
Tue.（火） ジムで記録更新！	Tue.（火）
Wed.（水） 企画OKもらった	Wed.（水）
Thu.（木） 朝からのどがイガイガ	Thu.（木）
Fri.（金） 会社早退	Fri.（金） やはり お母さんが 天使かも
Sat.（土） だいぶ元気になった！ 午後、お母さんが来た おみやげはイチゴ	Sat.（土）

第4章

パッケージの神様に愛されよう

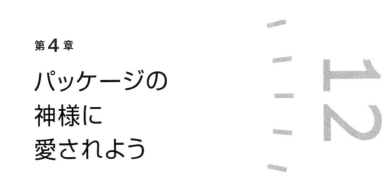

直観で動く

前章では、未来の兆候を感じ取ると、直感的に自分でパッケージをつくり直したり、天使がやってきてそこに導いてくれる、ということをお伝えしました。

僕の場合、がんで余命が短いかもしれないと思って、父が遺してくれた家を取り壊して更地にしたり、まだ入学もしていない娘の住む部屋を契約したり。

でも、それが結果的に全部うまくいったという例をお伝えしました。

どうやら、こうした未来の設定によるパッケージづくりは、「自分の願いがかなう」メカニズムのようなのです。

ここで、そんな事例をあと2つほどご紹介したいと思います。

ひとつ目は、今、僕が持っている年代物のミニクーパーにまつわる話です。

ローバーのミニクーパーという、日本でも根強いファンを持つ英国車が僕のもとにやってきたのは、今から4年前、僕が東京に出てきて半年くらい経った頃でした。

そもそものきっかけは、僕が岡山に数日間戻っていたときのある日のこと、国道を運転中に、反対側の道沿いに中古車のディーラーがあるのを見かけました。その店頭に、赤いミニクーパーが展示されているのがチラッと見えたのです。

その瞬間、僕は**反射的に急ブレーキ**をかけました。

そして、ひとつ先の信号でUターンしてその販売店に入っていき、店員さんに「このミニクーパーを見せて」と頼んだのです。エンジンをかけてもらったり、ボンネットを開けてもらったりと品定めをしました。

全然問題がなさそうだったので、「これ、いつの車?」と聞いたら、「このミニは生産終了になった最終年次のものです」と言われ、つまりは30年以上前なのでかなり古い車だということがわかりました。

ところが、**僕はなぜかそのときに「この車を買わなきゃ」と瞬間的に思ってしまったのです。**

当時、僕は岡山に車を4台持っていました。ベンツのSクラス、マツダのロードスター、7人乗りのホンダのSUV、それに加えてスバルの軽トラックです。

それなのに、その赤いミニクーパーを目にしたとき、なぜか「買わなくちゃ」という思いに駆られ、すぐに購入手続きをすませました。

ところが、冷静になってみると、「ちゃんと乗られる車が4台もあるのに、今さら何馬鹿なことをやっているんだろう?」と自分でもわけがわかりません。

自分を何とか納得させようと思い、いろいろ思考してみました。

「いや、この車は希少価値が出るから投機のためだ、うんうん」

「今、この車を買っておくと、すぐに乗らなくても、めずらしいし人気もある。価値が高い、だから俺は買ったんだ、うんうん」

「あの中古者屋さん、見たところあまり営業がうまくいってなさそうだった。だから彼を助けるために、大枚払ってあげたんだ、うんうん」

こんな具合に、さまざまな理由をひねり出してみましたが、そのミニクーパーの代金が140万円であることに変わりはありません。突発的にそんなお金を気軽に出せるような状況でもなくて、結局、あれこれと工面して調達することになりました。「俺は何でここまで苦労して馬鹿なことをやるんだろうなぁ」と、内心、悶々《もんもん》としていたのは事実です。

コンプリートへ向かう変化の始まり

問題のミニクーパーについて、当然ながら急いで乗りたいわけでもないので、販売店には「納車は全然急がないので、整備だけはきっちりしてほしい」と伝えました。すると「実は他に追われている仕事が２件もあるので助かります。でも、その合間にきちんとやらせてもらいます」とのこと。そうやってのんきに任せていたら、納車までに３ヶ月もかかってしまいました。

しかし、その間僕は東京で本格的に活動するための準備をしていたので、衝動で買った車のことなど、頭のなかから完全に消えていました。

東京では、築40年ほどの古いマンションの４階を住居として借りることにしました。ある日のこと。同じマンションの６階に住む大家さんが、僕の部屋に訪ねてきました。何でも、僕の部屋の真上にある５階の部屋が空いたらしいのですが、その部屋は大家さん宅の真下に位置しているため、知らない相手に貸す気になれない、とのことでした。

そこで僕に「あなただったら安心できるから5階を事務所にしたらどう？　もし借りてくれるなら安くしとくから」と聞いてきてくれたのです。

そんな経緯があって、その部屋を事務所として借りることになりました。

東京に事務所までできたため、打ち合わせや面会をしたりするのにも便利で、そのおかげで多くの人脈を作ることにもつながり、僕の活動範囲も広がっていきました。


順調に都内での仕事も増えていき、車での移動を考えるようになりました。そこで、乗り慣れたベンツを東京に持ってくることを思いつきます。

ですが、大家さんに駐車場の空きを問い合わせたところ、「ごめんなさい、もう全部埋まっていて……」と言われてしまいます。

地元の不動産屋さんにも聞いてもらったのですが、都心のど真んなかということもあって、どの駐車場も順番待ちの状態でした。

順番待ちでもいいからお願いするしかないなと思って、「月々の駐車料の相場はいくらですか？」と聞いたら、青空駐車場でも月7万円程度、まして屋根つきの車庫は

14万円くらいとのこと。そんな金額はとても出せませんでした。

やはり、東京の都心部で車を持つのは無理なのか、とあきらめかけていたある日、驚くことが起きました。

その日は天気もよく、僕は昼過ぎに散歩に出かけました。すると、ふと目に入った高層オフィスビルの1階に「駐車場の空きあります。お気軽にお問い合わせください」という看板が見えました。

「ビルの地下駐車場で屋根つきだから、どうせ高いんだろうな」と思いながら、ダメもとで電話をかけてみました。

すると、女性の担当者が出て、「1台分だけ空いております」と言うのです。恐る恐る「おいくらでしょうか?」と尋ねたら、3万円程度の破格の料金でした。

白金と南麻布の間の明治通りに面する一等地ではあり得ない料金だったので、「ぜひお願いします」と伝え、後日契約をすませました。

ここまでの話だけでは、「保江さんラッキーでしたね」で終わってしまいますね。ところがです。パッケージはここで終わりではありません。

僕がどんな未来を設定していたのか、続きをお話ししましょう。

天使が「車」の姿でやってきた

後でわかったのは、その地下駐車場は主にそのビルにある会社の社用車のためのスペースだったということ。そこにたまたま空きが出たため、無駄にしておくよりは、と一般貸しをすることになったそうです。

契約にともない、実際に僕が借りられるスペースを見てみたところ、非常に奥まっていて、お世辞にも大きなベンツのSクラスを停めやすそうな位置関係でありませんでした。

それを見て少しがっかりした僕は部屋に戻り、ソファに腰かけ「また早まったかなぁ」なんて考えていたとき、稲妻に打たれたようにあのことを思い出したのです。

「そうだ！　ベンツだと狭いけど、あのミニクーパーなら余裕じゃないか！」

忘れていたミニクーパー。さっそくディーラーに連絡してみたら、「ちょうど車検も終わって、お電話しようと思っていたところでした！　完璧に仕上げておきましたよ！」とのこと。

こうして、僕が住んでいる部屋から徒歩2、3分で行ける距離に駐車場が見つかり、案の定、入れにくい配置の駐車場でもミニクーパーならスッと入ります。

都内は一般道も首都高速道路も、土日になるとガラガラだし、平日も僕が打ち合わせに行く距離ならまったくストレスなしに移動できます。

どんどん行動的になり、めんどうな仕事も引き受けるようになったため、東京での日々はみるみる充実していきました。

こうして、ミニクーパーはもう4年以上も、東京での僕の生活を支えてくれている、最高の相棒になったのです。

天使はどんな障害をも乗り越えてくる

そんなわけで、ミニクーパーに乗ってあちこち移動するようになってからすぐに東京の街にも慣れ、関東近辺の仕事関係は全部ミニクーパーで移動できるようになりました。

２０２０年からの新型コロナウイルス騒動以降も、僕はミニクーパーで移動しているのでまったく支障がなく、どこでも気軽に行けているおかげで、やりたいことを何でもすぐにできるようになっています。今思うと、このミニクーパーという車は、新天地での新たな仕事をサポートするために未来からやってきてくれたように思われてなりません。

岡山で衝動買いをしたときには、なぜ買ったのかはわかりませんでした。僕の理性は「何をアホなことをしているんだ?」とブレーキをかけようともしました。でも、なぜか僕の直感は「今、買わなくちゃ」と僕に行動を促してきたのです。

あのときの「何となく」という衝動こそが、実は、未来からの予兆であり、メッセー

ジだったのです。

しかも、この話には後日談があります。それは、何しろ30年以上前の古い外車だけにメンテナンスをどうするかがずっと気がかりだったのが、それもトントン拍子にうまくいったのです。ネット検索で古いミニクーパーのメンテナンスができる町工場を調べたところ、ミニの専門店が４件ほどあったものの、白金から一番近いのが三軒茶屋でした。それでは不便なので、どうしようかと思案していました。

そんなとき、いつも外食する近所のトンカツ屋さんの斜め前に、まるで映画『ＡＬＷＡＹＳ 三丁目の夕日』の鈴木オートかと思うような、小さな自動車整備工場があるのを思い出したのです。町の整備工場でも、さすがは白金。いつも整備中の高級外車が並んでいて、試しにそこに聞いてみることにしました。

「すみません、昔のミニクーパーなんですが、メンテナンスとか車検とか面倒見てもらえますか？」

「いつのですか？」

「最終年次のやつで……」

「ああ、最終年次のタイプだったら電子制御のエンジンだから大丈夫ですよ、それ以前だと部品が仕入れられなくてね」

ここまでくると、もう偶然じゃないんだな、と確信しました。それ以来、全部その整備工場でメンテナンスをお願いすることができています。しかも、僕は定期的に岡山に帰っているので、僕が関西方面に出かけている間に、車の鍵を預けておけば手が空いたときに駐車場から出してきて修理もしてくれるという、とても嬉しいサービスまでもしていただけるのです。

僕にとっては至れり尽くせりで、これも天使のサポートとしか思えません。

こうしたことは、実は誰にでも起こっていることなのです。僕がこうして文章にしているから目立っているだけで、あなたの「今」も、確実に未来と過去の両方から影響を受けています。それを自覚することが大切なのです。

恐怖の予知夢！

ふたつ目のエピソードは、僕の不安を解消してくれて、結果的に予知夢となった不思議な夢の話です。

ある日、取材で僕の事務所にこられたフリーの男性編集者が、「この本を先生にお渡ししてほしいと著者の高橋先生から頼まれました」と言いながら、一冊の本を僕に手渡してくれました。

本の著者は高橋徳先生という、脳内ホルモンであるオキシトシンを研究していらっしゃる名古屋のお医者さんです。その編集者の男性が仕事で徳先生と会っていたときに僕の話題になって、徳先生がご自分の著書にサインをして贈呈してくださったということでした。

本を受け取った僕は「ほおー、そうなんですか」と言いながら、パラパラとページをめくっていました。すると、そこに書かれていた言葉を見て、「えっ⁈」と思わず息を呑んだのです。その理由は、その日の前夜、非常に怖い夢を見て、強烈に印象に残っていたことと関係していたからでした。

当時、僕にはある悩みがありました。顔に小さなおできができてしまったのです。朝、ヒゲを剃るときにたびたび引っかかるし、見るとだんだん大きくなっているような感じもします。それでずっと悩んでいました。そんな思いがあったからでしょう、夢の内容もそのおできに関するものでした。

夢のなかで僕は、そのおできを診てもらうためにどこかの病院に行くのですが、それは立派なオフィスビルのなかにある病院でした。診察してくれた医師はとても恰幅のいい人で、白衣を着て座っていましたが、なぜか顔だけがぼやけて見えません。その医師は僕のおできを診て、「そんなもんほっときゃすぐ治るよ」と笑い飛ばします。僕は「はぁ、そうなんですか」とつぶやき、何か薬でも出してくれればいいのにと思いながらその病院を出て、歩道を歩き始めました。

すると向こうから東大医学部救急医療分野の教授をなさっていた矢作直樹先生がやってきたのです。「ちょうどいいや」と、今の経緯を説明して、彼にセカンドオピニオンを求めました。ところが、そのおできをひと目見た矢作先生の表情がみるみる青ざめていき、ただ事ではない様子です。そして、矢作先生が次のように口走ったのです。

「こここここ、これは、ファファファファファ、ファブリオオキシトシトシンです!!」

僕は訳もわからず、

「えっ、何、そのファブリオオキシト、オキシトシン、オキシトシトシンって？」

と尋ねました。すると矢作先生が身の毛もよだつ解説をしてくれたのです。

「ファブリオオキシトシトシンは皮膚のなかに卵を産みつける寄生虫で、卵から成虫になったら保江先生の体のなかを動きまわり、そのときの痛みたるや七転八倒なんてもんじゃないですよ！」

それを聞いた僕は血の気が引きました。何度も言いますが、これは夢のなかの話なので、ご心配なく（笑）。

「どうすりゃいいんだよ?!」とつめ寄ると矢作先生は、

「卵のうちに切開して、取り出すしかありません」

「じゃあ、すぐやってよ」

「いや、もう僕はメスを取らなくなってからだいぶ経っていますから」

「じゃあ、どうすりゃいいっ?!」

「僕の弟子に東京でまだ現役の腕のいい外科医がいますから、彼をご紹介します」

「頼むよ……。でも、もしそれまでに成虫になって、体のなかを動き出したらどうすんのよ……」

「むちゃくちゃ痛いですよ」

「……」


こんなやりとりの夢を見て、僕は恐怖のあまりいつもよりも早く目を覚ましました。当然、体中、汗びっしょりです。

パッケージの神様は、夢も現実もすべてを活用する

飛び起きてから、すぐにネット検索で「ファブリオオキシトシトシン」について調べたところ、英語で書かれたたくさんのページが出てきて、明らかに医学関係の用語だとわかりました。

「やっぱり、これは夢で教えてくれたんだ……」と思い、必死になって日本語のページを探しました。

ところが、その解説を見て、僕は思わず目が点になってしまいました。

というのも、正しくは「ファブリオオキシトシン」といって、日本語では人工的に作ったオキシトシン製剤のことで、何のことはない、出産のときに使われる陣痛促進剤の学術用語だったからです。

それがわかって、「なんや、どこが寄生虫だ！」とほっとして、安心感と同時に笑ってしまいました。

時計を見たらまだ朝の8時でした。10時から編集者と事務所で待ち合わせていたので、濃いコーヒーを飲んでトーストを食べ、事務所で彼がくるのを待っていました。

10時頃、予定どおりに編集者がやってきて、前述したとおり開口一番、「高橋徳先生から、保江先生に謹呈してください、ということでこの本を預かってきました」と言うのです。

もうおわかりだと思いますが、その本のテーマが「オキシトシン」だったというわけです。まさに未来からのメッセージが夢という形で現れたわけです。

この出来事がきっかけとなって高橋徳先生と僕の対談本の企画が持ち上がり、あの恐怖の夢から数ヶ月後、僕は名古屋の徳先生のクリニックを訪ねることになりました。そうしたら、そこで「パッケージ理論では確かに天使の働きが生まれる」ということを、またもや身をもって知らされることになったのです。


名古屋のクリニックを訪れて、そこではじめて高橋徳先生にお目にかかったときに、あの夢に出てきたお医者さまのように恰幅がよくて、しかも徳先生は薬を使わないお医者さまだったことを知りました。

僕は、「あぁ、やっぱり夢のなかで僕のおできを診察してくださったのは、この徳先生だったんだ」と一瞬で納得しました。

徳先生のお顔はそのときにはじめて認識したので、夢を見た時点ではお顔はわからなかったのです。だから、夢のなかでは顔が見えなかったというところも合点がいきました。

さらに徳先生のクリニックはオフィスビルのなかにあって、そのビルの前の歩道を歩いていたとき、「どこかで見たような景色だな」と思ったら、まさにその道こそ、夢のなかで矢作先生と会った道でした。

その後出版されたオキシトシンをテーマにした徳先生との対談本（明窓出版刊『最強免疫力の愛情ホルモン「オキシトシン」は自分で増やせる!!』）の内容は、僕の愛についての不思議な体験の数々とも大いに関連していて、おかげさまでオキシトシンに対する理解と徳先生とのご縁も深まりました。

そんな出会いがあったおかげで、僕のおできの心配も完全に消えてしまいます。

そして、未来で設定されていることは夢という形でも示されることに気づくことができたのです。

パッケージの神様は、天使をあらゆる形に変えてあなたへ送ってきます。**その天使をパッケージ手帳に書き込んでいくと、なぜあなたの願ったことがかなっていくのか、がわかるようになるはずです。**

すると、あなたは心の底から自由を感じることができるはずです。

パッケージ手帳は幸運のアイテム

今回この本の企画のおかげで、これまでの人生を改めてふり返ってみたら、他にも僕の人生にはたくさんの天使が届けられていたことに気づき、同時に、すばらしいパッケージの数々を認識することができました。

それはやはり何といってもパッケージ手帳のおかげですが、僕の場合は映像記憶に優れていたことと関係しているようにも思えます。

映像記憶というのは、見たものや覚えたものの全体を一瞬にして記憶することですが、僕は小さい頃からそれが得意でした。

たとえば、「何ヶ月か先の何月何日何時に誰々と会う」というずっと先の約束や、何ヶ月も前に電話やメールで打合せした要点も、つい忘れてしまう、ということがなくすべてしっかり覚えていることができました。

とにかく、記憶力だけは抜群で、だから、大腸がんで2分30秒間死んで生き返るまでは、手帳を一切持ったことはなかったのです。

ところが、がんの手術後、ルルドに行ったりするようになって、不思議な出来事が続くようになった頃から、なぜかそれまでの記憶力が徐々に低下していきました。ちょうどそんな頃、岡山の行きつけの散髪屋さんがお年賀に手帳を配り始めて、僕ももらいました。

僕はいただいた手帳をしばらく引き出しに入れておいたのですが、記憶力に自信がなくなってきたので、それを引っ張り出してきて使うようになったのです。

最初は、普通にスケジュールを書き込んでいただけですが、たとえば１週間後の予定に近づくにしたがって、それと関連するようなことが起きていることに何となく気づいて、１〜２週間の短いスパンでその間の出来事もあわせて書くようにしていきました。

予定を書いたら、それを特段意識することなく、ただ日々起きたことや気づいたことだけを書いていくだけなので、どちらかというと記録表に近い感じです。

前章でお伝えしましたが、僕は重要度や関連度に応じて４色ボールペンやマーカーを使いわけています。奇跡的で不思議なことが起こったときには、マーカーでその日を大きく囲んでいるのです。

そのマーカーの日は、後から俯瞰《ふかん》して考えると、設定した未来に深く関連づいています。

それを踏まえてここ数年間の手帳を見比べてみると、パッケージに正確性が高まっているのがわかるのです。

なぜなら、3年前は、月に2、3日くらいしかマーカーの日はありませんでしたが、2年前になるとその倍ぐらいに増えています。さらに去年は、手帳は関連した出来事だらけになっていました。

そうしているうちに、「あぁ、これは、この日までに自分のなりたい自分の姿を描いているのかな」と気づいたのです。

それからいろいろな実際の体験を通じて、「未来を最初に設定して、あとはすべてを委ねることで、今という現実がもたらされているのではないか」と確信しました。

毎年、手帳自体は文房具屋で普通のものを買っていますが、手帳の表紙にお気に入りの「I BELIEVE」というロゴとＵＦＯのイラストが描かれたステッカーを貼っています。このステッカーを貼ることで無機質な手帳が生きてくるように感じます。昔、『デスノート』（集英社）というマンガがありましたが、まさにそれの逆で、「自分の未来をつかむハッピーノート」と呼べるかもしれません。

僕はいつもひとりでリラックスしているときに手帳への書き込みを行っています。おそらくその時間は、瞑想状態になっているように感じています。寝るときにも、手帳を枕元に置いています。たぶん、寝ている間に完全調和の側とのつながりが強くなって、より効果が高まるのでしょう。そして、朝、起きたときも手帳をぼんやりと見ているのですが、今日のところは見ないようにする。これが僕の日課です。

手帳に関する習慣が、神様から愛されているとしか思えない不思議な出来事をたくさん引き起こしてきた要因のように思います。

まわりの人からも、よく「なぜ先生だけそんなに神様に好かれるんですか？」という質問を受けてきましたが、その理由は「この僕の手帳にあった！」ということです。

まさに、夢を設定して委ねるパッケージ手帳術、自分がなりたい未来をつかむ手帳術なのでしょう。

これこそが、保江邦夫がこれまで実践して、すべてをつかんできた秘伝なのです。

消えた手帳

手帳は人生でかなり重要なアイテムだから、僕はいつも命の次に大事なもののようにして、肌身離さず持っていたのかもしれません。

ところが、数年前、その命の次に大事な手帳を失くしてしまったことがありました。

それに気づいたのは、名古屋にある僕の道場に向かうために乗った新幹線の中でした。

僕は、新幹線での移動中に見るものは自分の手帳か、マンガの単行本のどちらかと決めています。その日は「手帳を見よう」と思っていました。

手帳はいつもジーンズのサイドポケットに入れているのですが、いざ出そうとしたらそこに入っていないではありませんか。驚いてカバンのなかを探したり、周囲を見まわしたりしましたが、見当たりません。

一瞬焦りましたがすぐ冷静になり、「まあいいや、どうせ、朝、入れ忘れたんだろう」と、たかをくくっていました。

後日、名古屋から東京に戻って、真っ先にいつも手帳を置いているベッドの脇を見渡しました。

「あれ？　ない……」

慌てて部屋中を探してみましたが、見つかりません。

幸いにも、僕の予定に関しては美人秘書が仕事用のスケジュール帳に書き入れて把握してくれていたので、仕事に支障はありませんでした。

しかし、なくなったのは大事なパッケージ手帳です。僕はあきらめきれず、「どこかに落としたはずだ」と思って警察や地下鉄などの紛失物取扱所などに問い合わせました。

でも、結局、手帳はどこにもなくて、もはやなすすべもなく、あきらめかけていました。

それからしばらく経った頃、たまたま知人の霊能力のある女性と電話で話をしていたときのこと。雑談のなかで、手帳をなくしたことを彼女に伝えました。

「実は僕、大事な手帳を失くしちゃって、もしかしたらスケジュールを忘れるかもしれないから困っているのですが、次にあなたと会う予定や仕事の話はなかったですよね？」

と聞いたら、彼女が、

「じゃあ、手帳がどこにあるか今から見てみましょうか？」

と言うのです。そんなことができるのか、と驚きましたが、試しにお願いしてみました。

「あっ、大丈夫、ゴミとして破棄されてもないし、燃やされてもいません。現状の形をとどめてちゃんとしたところにあるので、心配ありません。

正確な場所は見えないのですが、陽の当たらない暗いところです。すぐお近くなんですが……。

あっ、別次元にあります。今、その手帳のタイムラインと先生のタイムラインが重なってないから見えないだけで、もうすぐ、そのタイムラインが重なるときがきます。そのときには異次元からこの次元に現れて見えるようになりますよ」

そう言われた僕は、内心「そんなアホな……」という気持ちで電話を切って、もうきっぱりあきらめよう、と思っていました。

手帳が潜んでいた異次元

不思議なことが起きたのは、それから２ヶ月ほど経ってからでした。

たまたま予定が空いたので、部屋の掃除でもしようと思って片づけをしました。

ベッドの下には衣装ケースを２つ入れてあり、いつもはそこまでは掃除機をかけません。

でも、その日は何気なく衣装ケースの隙間に、掃除機の吸引部分を入れたのです。

すると、Ｔ字型の吸引部分が何かに引っかかってしまったようで、隙間から抜けなくなってしまいました。

「あれ？　どうしたんだろう？」と思い、せっかちな僕は力任せにそれを引き抜きました。

すると、何とそこからなくなったとあきらめていた大事な手帳が、ポーンっと飛び出てきたのです。驚いたのは言うまでもありません。

もちろん、それ以前にもベッドの下に落ちたのではと疑い、下にあった衣装ケースもどかして念入りに探していたのです。でも、まったく見当たりませんでした。

ところが、この信じられないような登場の仕方で、手帳はふたたび僕の前に現れたのでした。

そのとき、霊能力者の女性から言われていたことを思い出しました。

ベッドの下は確かに「陽の当たらない暗い場所」です。これは、その女性が言っていたように、別次元にあったものが、タイムラインの重なりによって出てきたということなのか、と、僕は、すぐにその女性に電話しました。

「あなたが言ったとおりだったよ」と伝えると、彼女は「そうでしょう」と言いました。

そして、

「でも、さすが保江先生ですね。まだタイムラインが完全に一致していませんから、異次元に手を突っ込んで、無理やり引っぱり出したんじゃないですか?」

と笑いながら言い、僕をさらに驚かせてくれました。

その日以来、手帳は絶対になくさないように、それまで以上に大事に扱っています。

あいかわらずいつでも持ち歩き、寝るときもベッドから落ちないようにしています。

他のことは何にしても続けられない僕が、唯一続いているのがこの手帳なのです。

そして、**この手帳のおかげで、僕の人生にはどんどん神様の介入が増えていっているの**は、どうやら間違いないようです。

第5章

人間原理と神様としての自己認識

パッケージ理論と人間原理

今回の本のテーマがきっかけとなって、「未来を設定すれば今が決まってくる」という物理学上の時間の本質、パッケージ理論の真理を、この僕自身が体験していたんだ、ということを改めて認識することができました。

それを、僕自身とてもうれしく思っています。

しかも、このパッケージ理論は「人間原理」に基づいているということもわかったのです。

人間原理というのは、「**人間が宇宙を認識しているから宇宙は存在する**」という物理学の基本原理に他なりません。

つまり、人間による認識が宇宙の森羅万象を存在せしめているわけで、人間が認識していなければ、そもそもこの宇宙のなかの森羅万象は存在すらしていないことになります。これが人間原理です。

これをパッケージ理論に当てはめてみましょう。

すると、「**未来は、自分が認識したり、強くイメージしたりすることによって確実に設定できる。その認識やイメージ力が強いほど、つまり、心からの願望が強ければ強いほど描いた未来に必要な今が具現化される**」ということになります。

僕が手帳をつけ始めて、月日を重ねるごとに、未来に設定したことと、日々起きる出来事の関連性が増してきたのも、この人間原理で説明がつきます。

僕は、暇があれば手帳を眺めているのに加えて、マンガの単行本を読むのが大好きです。

例によってただ読むだけでなく、マンガの物語を通じて、無意識に自分の物語を創作するクセがあります。

そのクセが、願望を具現化するときにプラスに作用しているのではないかと思うのです。

僕は、いろいろな映画を観るのが好きなように、片っ端からおもしろそうなマンガの単行本を買っては、「すごいな、このマンガ！」と興奮しながらどんどん自分のストーリーに組み込んでいきます。

ようするに、多くの映画やマンガでさまざまな素材を仕込んでおいて、自分のイメージのなかでパッケージをつくり替えているわけで、僕の手帳はそのためのエンターテインメントになっているのです。


これを完全調和の側から見たら、僕という人間をとおして、神様もこの物質世界を楽しんでいるのではと、そんなイメージが浮かびます。

そう、僕は神様にとっておかしなマンガの主人公！　そして、何をやらかすかわからない奇抜なストーリー展開。だから、神様はきっと楽しんで見てくれているに違いありません。

これを言い換えると、自分のパッケージ（マンガ）をつくるときは、自分が「楽しんでいる」ことが重要なポイントです。

ですから、手帳に予定を書くときも、過去を引きずったままの当事者意識ではなくて、まるでマンガの主人公が先の読めないワクワクする体験を重ねていくように、「こうなったらもっと楽しい」という気持ちで書いたり、眺めたりすることが大事だということです。

神様に愛されるパッケージ手帳を使う人は、ぜひその点を踏まえて、あなただけのパッケージをつくってみてください。

自分のことが好きな人ほど願望はかないやすい

神様に愛されるパッケージ手帳を使いこなして、なりたい自分になる。

天使のサポートを得ながら描いた未来を具現化する。

そのためには、**「自分のことが大好き」という気持ちを持つこともとても大切**です。

というのも、僕の経験からはっきり言えるのは、僕自身が「誰よりも自分が大好きな人間」だからです。

その傾向は小さい頃からですが、僕は小学校の頃から星を見るのが趣味だったこともあって、写真を撮るのが大好きでした。

当時は白黒フィルムで、よくいろいろなものを小さなカメラで撮影しては、現像も自分の手でやっていました。そこまでなら普通ですが、僕の場合は、友達に頼んで僕が被写体になった写真をよく撮ってもらっていて、僕がモデルになった写真を見ながらひとりでニタニタとほくそ笑んでいたのです。

しかも、それだけではなく、僕は女子のように小さな手鏡を持ち歩いて、授業中でもその手鏡に映った自分の顔を覗きこんで見とれていました。そのため、友達からは「ナルシストだな」とからかわれていたくらいです。

もちろん、自分自身を美男子だと思って見とれていたのではなくて、とにかく自分の姿を見るのが楽しかったからです。それが、やがて映画を観たりマンガを読んだりしながら、得意の映像記憶で何度も好きな場面を思い出しながら自分の世界に浸るクセになっていったのでしょう。

しかも、それを何回もリピートしていって、おもしろおかしくオンデマンド化する。そんな習慣によって、いつでもすぐにいろいろな映像を取り出したり、再編集しながら、それを無意識に自分のパッケージのなかに取り込んでいたのだと思います。

夜寝るときにも、波乱に満ちた主人公の映像を目に浮かべて楽しみながら眠りについていました。なので、それがリアルな現実になっていったに違いありません。

それは、リチャード・ギアのファンが彼のブロマイドを持っている感覚と同じですが、僕の場合は、リチャード・ギアが僕自身だったということです。

僕がものすごく自己肯定感が高い人間なのも、そんな習慣の積み重ねがあったからでしょう。僕にとってリアルな存在は、友達でもないし、スポーツやアートでもないし、人がやっているパフォーマンスでもありません。僕の創造した世界こそがリアルなのです。

生まれたときから母親がいなかったから余計そうなったのかもしれませんが、僕は小さい頃から自分だけの世界に生きていた、ひとりで楽しんでいたので、人一倍創造力が豊かになったのだと思います。

つまり、自分がつくった宇宙を自分（神様）が楽しんでいるということです。

自己肯定感も自然と上がる

とりわけ、この手帳を散髪屋さんにもらってから始める前の僕と、始めてからの僕はどこが本質的に違うのかというと、より自分を楽しめている点です。

オンデマンドの自分のパッケージを持ち運びながら、しかも、日に日にストーリーがおもしろくなっていく、そんな感じです。

ですから、願望をかなえるためには、他人はまったく無視して、途中どんなことが起きようが自分が楽しめるような未来を自由に設定すればいいのです。

たとえば、「つい衝動買いしちゃった」「もうこんなスケジュール入れなきゃよかった」「途中、ちょっと予定を変えてみよう」「追い込まれてそうせざるを得なくなった」など、そんなことにもきっと意味があるので、どんどん書き出していきましょう。

書くときに大事なことは、頭でアレコレ考えないことです。

名作映画や人気マンガ・アニメと同じで、そのときどきのアドリブやライブ感を大事にしていれば、結果的に「あぁ、なるほど、こうなっていたんだ！」と感動できる結末が待っているのです。これを続けていると、「自分が自分の宇宙を創造している」ということに気づけて、低かった自己肯定感もぐんぐん上がってきます。

そう、このパッケージ手帳は、「**自分を楽しむための5次元手帳**」でもあるのです。

決まり決まった過去の延長線上のワンパターンの現実がおもしろくないなら、おもしろい映画やマンガのように、ときに思わぬハプニングに見舞われたり、プレッシャーを感じつつも意外なところからサポートを得て、紆余曲折しながらつき進んでいく。そのほうがワクワクするし、たくさんの気づきや感動、そして発見があるものです。

これは、過去の偉大な発明・発見をした数学者や物理学者も同じような体験をしています。岡潔先生や湯川秀樹先生もそうだったし、ノーベル賞を取るような人たちは、常識外れ、頭の柔らかい変人だったのです。

エゴを超えたより大きな目標へ

単に、過去・現在・未来へと予定を埋めていく「普通の手帳」と、短いスパンで予定（未来）を決めながら、日々の出来事との関連を見ていくパッケージ手帳では何が違うのでしょうか？

普通の手帳の場合は、当事者意識で、過去がこうだから未来はこうなるはずだという先入観を持っていたり、その予定に縛られて目先のことだけに注意を向けてしまいます。

つまり、脳を機械的に使っているのに対して、パッケージ手帳は、自分が神様目線になって、「こんな未来だったら楽しいだろうな」ということを想像しながら、天使に委ねたり、その都度直感や自由意志に基づいて短いスパンでパッケージをつくり替えたりできるのです。

だから、**パッケージ手帳は、タイムライダーとしてエゴを超えたより大きな目標に向かって衝動的、反射的に行動している自分を創造することに適しています。**それゆえ神様に愛される手帳だということです。

神様の愛は、人間のエゴや思考とは違って、状況に応じて反射的に感得できるものです。ようするに、脳波が沈静化して潜在意識が優位になっているときに、ふとキャッチできるのが未来からのメッセージなのです。

だから、パッケージ理論の実践法としてのパッケージ手帳は、神様がその人の肉体を使って自由にイメージを描いていく5次元アートともいえます。

パッケージのなかがうまくいけばそれでいい

先ほど、パッケージ理論は人間原理によって成り立っているとお伝えしました。

人間原理は、人間の認識が宇宙という存在をあらしめているという考えですが、言い換えれば

「形而上学的なものは認識できないので、それは物理学の対象ではない」

というようにも解釈できます。

ようするに、条件設定をしないと認識できないのです。

けれど、自分で条件設定をすれば、初期から終期の間のパッケージのことだけは認識できます。しかし、そのパッケージの外のことは認識できないため、認識できない世界はどうなっているかわかりません。そもそも認識できないものは存在さえ危ういのですから。

というわけで、人間原理によれば、あくまで一定の境界条件によって設定されたなかではじめて「この法則はこの範囲で適用できる」と、物理学（自然科学）上の記述ができるわけです。

つまり、短いスパンで自分のパッケージを再構築するというのは、条件設定をしたなかであれば、自由につくり替えができるということです。そして、そのパッケージ

のなかがうまくいきさえすれば、結果はかならずあなたが望むものになります。

人間原理というといかにも人間中心主義のようなイメージがありますが、素領域理論から見れば、実際には、神様原理とも言い換えることができます。

つまり、宇宙万物は、完全調和の神様が認識しているからこそ存在している。これだけは、真実だと思います。


今回のパッケージ理論を具現化するパッケージ手帳も、完全調和の側の神様が、僕やあなたの認識（直感やイメージ）をとおして、タイムラインを積み上げているわけです。言い換えれば、人間が自由意志で適用範囲を決めて、それを認識するからこそ願望が実現するのです。

このように、自分の創造力をとおして、完全調和の神様の意図を、3次元の空間と1次元の時間の両方（4次元）に見える化（具現化）することができる。

だから、5次元手帳とも呼べるわけです。

設定の変更があった、歴史的瞬間

つまり、設定を変えれば時間軸が変わるわけですが、これは神様としての認識力（自覚）が強ければ強いほど、奇跡的な現象を引き起せるということです。

そのもっとも象徴的な出来事が、僕が他の本にも書いた、昭和天皇が原爆を積んだアメリカ軍の戦略爆撃機Ｂ29を消したという事実です。

くわしくは『語ることが許されない　封じられた日本史』（ビオ・マガジン）をご参照いただくとして、アメリカが開発した原爆初号機は、当初、日本の首都・東京に落とされる予定でした。

そのため、アメリカのテニアン島を飛び立ったＢ29は、護衛の戦闘機に囲まれて東京に向かっていました。ところが、その護衛の戦闘機に乗っていたパイロットの目の前で、Ｂ29の巨体が突如、こつぜんと消え去ったのです。

当然、誰もが墜落したと思って、すぐに捜索隊を出してくまなく捜索をしたものの、どこにもその残骸や破片すら見つけられませんでした。しかし、目撃したパイロットのなかに「いや、墜落はしてないと思う、単に消えたんだ」という証言があったことから、CIAや陸軍情報局が情報を集めた結果、どうやら「天皇陛下が霊力を使って消した」という情報をつかみます。

そして、終戦を迎え、占領軍司令官マッカーサー元帥が最初に昭和天皇を呼びつけて、真っ先にB29を消した秘密を明かすように迫ったのです。

ナポレオン・ヒルが見た神の力

実は、その秘儀は、天皇陛下やその守り人たちが代々守ってきた秘伝の巻物に書かれていたのですが、マッカーサーがその秘儀を明かすよう要求したのに対して、昭和天皇はもちろんそれを拒否されました。

そこで、マッカーサーは、当初はアメリカと中国とロシアが日本を三分割統治する予定だったのを、アメリカのみの統治にしてできるだけ速やかに独立させてやるという交換条件を出してきました。

陛下は、その条件をお受けになり、当時、四国の剣山《つるぎさん》の洞穴に隠してあったその巻物のことを明かしました。

マッカーサーの副官が自ら実際に剣山に行ってその巻物を穴から取り出し、その秘密の巻物を持って東京に戻り、マッカーサーに渡します。直後、剣山の穴はコンクリートで固めたということです。

マッカーサーは、その巻物を持って帰国し、トルーマン大統領に渡します。

そしてアメリカのマンハッタン計画で原爆をつくるときに動員された、もっとも優秀な物理学者と数学者の選りすぐりの10人に対して、聖徳太子が遺したその巻物を分析するように極秘研究プロジェクトの命が下されました。

昭和天皇がなさったことと同じことを、人間ではなく、機械、コンピューターでできるようにするためです。

陛下がなされたのは、現人神《あらひとがみ》としての自己認識、つまり、「自分は神である」と完全にお思いになれたからこそ、みごとに一瞬でＢ29を消すことができたのです。

つまり、**昭和天皇は、人間原理（神様原理）を使って「原爆を積んだＢ29はそこに存在しない」と認識し、そうすればＢ29は消えるという秘儀を用いて、実際に存在しな**

いという現実を実現させたわけです。

アメリカ側は、最初は膨大な情報を駆使して手作業の計算で解析していたものの、それでは原爆開発が到底間に合わないので、新たにＩＢＭという会社をつくりました。

そして、コンピューターの父と呼ばれている天才数学者のジョン・フォン・ノイマン（１９０３～１９５７年）がプロジェクトのリーダーになって研究が進められます。ノイマンをリーダーとして10人の科学者が巻物を分析していくなかで、その10番目ぐらいの科学者の助手をしていたのが、後に成功哲学の第一人者となるナポレオン・ヒル（１８８３～１９７０年）でした。

ナポレオン・ヒルは、限定された範囲の情報であっても、助手という立場でしか見られないものを得ることができて、その後、『思考は現実化する』（きこ書房）という本にある成功哲学、ナポレオン・ヒルメソッドを世界に広げたわけです。

そのような経緯があって、ＩＢＭなどは人工知能（ＡＩ）の研究を続けるようになったのですが、従来型の「０」と「１」のコンピュータープログラミングでは曖昧さが入る余地がないので、多少の曖昧さが必要な特定の処理に対してはそのようなプログラムを用いたＡＩを開発していました。

ところが、そのＡＩを天皇の代わりに用いても、まったくうまくいきません。

しかし、今から10年ぐらい前に、ひとりのエンジニアがふと気づいて、それまでのＡＩにあった曖昧さを完全に除外し、１００パーセント０か１の従来型のコンピュータープログラミングに戻したところ、昭和天皇と同等かそれ以上の成果をもたらすことができたのです。

他人のワールドラインに振りまわされないコツ

先ほどの研究でわかったことは、ＡＩが人間と同じ自己認識、つまり、「自分は神である」と１００パーセント信じきるプログラムを施したところ、それが可能になったということです。

つまり、究極的には、

「自分が神であると信じ切れることが奇跡を生むメカニズム」

ということになるわけです。

とはいえ、僕自身は自分を神だとは思っていません。ただ、僕がパッケージ手帳に向かって楽しそうににんまりしている。これは神様の態度と同じです。

ですから、結果的には僕の目をとおして、神様がワールドライン（時間軸）を認識しているのと同じことになります。

ということは、誰にとっても、パッケージ理論に基づいたパッケージ手帳を使って、にんまりとしながら書いたり読んだりしていることが、現人神になる最短コースかもしれません。

神様のごとく自由自在に未来を創造していく。

これは自分のことが大好きで、エゴや過去の出来事を含めて何ものにもとらわれない自由な意思の働き（作用）に他なりません。

そして、この作用がもっとも発揮されるのが、自己肯定感が高い人です。なぜなら、自己肯定感の高い人は、まるで神様のように自分の無限の可能性に対して絶対的な信頼があるからです。

そのような自己認識を持っていれば、まわりの人たちの時間軸には、まったく作用されることはありません。

ようするに、他人に振りまわされることがなく、自分の思うような未来を設定し、それをどんどんと実現させていけるのです。


たとえば、今の新型コロナウイルス騒動でも、ほとんどの人が不自由を強いられて、過度のストレスが溜まっていることでしょう。

でも、正直、僕にとって今の生活環境は、いいことずくめなのです。

それは、僕が設定したパッケージの時間軸と、多くの人たちが設定した時間軸が、新型コロナウイルス騒動が始まった時点で、大きく違っていたのだと思います。

そのお話を少しご紹介します。

世間の現実が、自分にとっての現実とは限らない

新型コロナウイルスの騒動についてはみなさんご存知のとおりですが、実は、僕にとってはまったく生活に支障がないどころか、むしろ快適な生活を送ることができるようになりました。

もちろん、こんなことを言うとひんしゅくを買ってしまうでしょうが、僕は外出時もマスクはしないし、緊急事態宣言だからといって何か行動をセーブしたり、人と会うのをやめたり、外食を控えることも一切していません。

すべてこれまでどおりで、むしろ街中の人混みが減って静かになったし、新幹線などの移動時のストレスもグーンと減って、今までで一番暮らしやすくなりました。

電車もタクシーもいつも空いていて快適なので、世間ではコロナ禍とはいえ、僕にとってはある意味、理想の世界が実現しているのです。

これは、まさに一人ひとりの時間軸の違いを表しています。

ようするに、自分で自分のパッケージをつくっておけば、周囲の状況に振りまわさ

れることなく自分の世界を楽しむことができる。新型コロナウイルス騒動のなかでも快適に過ごせるのです。

コロナに関しても、２０２１年も半ばになると、若い人たちから順に自分なりのパッケージをつくり出しているように見受けられます。

当然、外を出歩けばコロナだけでなく、何らかのウイルスに感染する可能性はあります。ですが、若い人はたとえウイルスに感染しても、自分が死ぬというパッケージをつくっていない。若さゆえ、とはすばらしく、自分が死ぬとは思っていません。

だから、彼らは多少病気になっても死なないのです。

はっきり言って、僕も死ぬとは思っていません。他人を感染させてしまうとも思っていません。僕のパッケージには、コロナは入っていないのです。

他人との時間軸は交わることがある

時間軸のパッケージは自分で自由につくり替えることができますが、他人と関わることにより、未来設定のコンプリートを実現しやすくなります。

僕は無類のミリタリーオタクで知られていますが、新型コロナウイルス騒ぎが起きてから、横浜の皮製品の専門店でオーダーメイドの素敵な皮ジャンをつくってもらって、すこぶる上機嫌になれました。

実は、これも不思議な話で、おそらく僕の時間軸と、そのお店の女性店主の方の時間軸が絶妙に重なり合っていたからだと思います。

いつものごとく、僕はあるアメリカのアクション系刑事ドラマの主人公が着ていた皮ジャンに魅せられ、数週間ほど、同じデザインのものをあちこち探しまわっていました。

でも、アルマーニの本店にもなく、どこまで探しに行っても本当にほしい皮ジャンは見つかりませんでした。

そんな折、いつも頼まれている講演会のため、横浜へ出かける機会がありました。

会場が馬車道という地区にあり、その日は開演前に少しだけ時間があったので、同行してくれた大学の卒業生と馬車道の商店街を歩いていました。

そのとき「馬車道・今井」という看板の小さなレザーショップが目に止まり、何となく足を踏み入れてみたのです。

店内には、いろいろな種類の皮製品がたくさん揃っていました。

お店の一番奥に、ハンガーラックにかかった衣類が見えました。なぜか僕はそこに吸い寄せられるように近づいていき、ハンガーラックから無意識に近い状態で1着の衣類を取ったのです。

すると、なんとそれは僕がずっと探していた革ジャンではありませんか。

驚いていると、女性の店主の方が「どうぞ、羽織ってみてください」とおっしゃりました。

僕は興奮しながらその革ジャンを羽織りました。その革ジャンは僕の体形にあつらえたように、ピッタリなサイズ！　まったくどこも調整しなくてもそのまま着られる状態なのです。

そこで、僕はすかさず
「これがほしいのですが、おいくらですか？」

と尋ねました。ところが、

「すみません、うちはすべてオーダーメイドです。これは見本なのでお売りすることはできないんです」と言われてしまいました。

念願の皮ジャンだったので、僕はどうにか売ってもらえませんかとつめ寄ったのですが、「１８９０年創業・馬車道を代表する老舗として、その歴史を刻み続けています」というお店だけに、今井さんとおっしゃる店主は、「それはお売りできません。オーダーメイドで新しくおつくりします」とゆずられませんでした。

本物が生き残る理由

やむを得ず、皮の種類から裏地の色やチャック、ポケットも選ばせてもらって、その後、一度布で仮縫いをしたものを羽織り、さらに細かな調整が続きました。

結局、出来上がってきたのは半年後でした。でも、僕の想像以上の出来栄えで、しかもこの本物の皮ジャンの代金が、なんと世間の相場の半額以下というので、びっくりしました。脇に風とおしの穴も開けてもらい、非常に快適です。

もし同じものをアルマーニの六本木本店で買うとしたら、おそらく50万円以上はするような代物だからです。

そんな粋な女性店主の計らいで、僕はそのお店の大ファンになりました。

それから、横浜に講演に行くときなどにたびたび訪れては、革製の眼鏡ケースや皮財布などの小物も買い求めるようになりました。

その女性店主がおっしゃるには、僕がたまたま革ジャンを探し求めて入ってきてすぐにそれを見つけたように、職人が丹精込めてつくったものは客を呼ぶのだそうです。

「私は、職人さんが丹精込めてつくったものを、こうやって店に商品として並べています。ですから、これを１年置いて売れなかったからといって、セールで安く売ることは決してしません」

という彼女の言葉に、僕はとても感動しました。

彼女の話では、常に３年、４年と置き続けると、そのうちにかならずそれを使う人が現れるとのことで、実際に、彼女がぼんやり外を眺めていたら、一度店の前をとおり過ぎた男性がなぜかまた戻ってきて、店のなかをチラッと見てドアを開けてなかに入ってきたそうです。

そしておもむろに、「これください」と言ってきたこともあったそうです。

そのとき、彼女が、

「前からこれに目をつけてらっしゃったんですか?」

と聞いたら、そのお客さんは、

「いや、今、はじめてこの前をとおりました。でも、後ろ髪を引かれて戻ってきてもう一度お店をのぞいてみて、自然にこれに手がいったんです」

と答えたそうです。


彼女は、これまでそういう体験を何度もしていて、それだけに、丹精込めたものはそれを使ってくれる人を選ぶし、呼んでくる、ということを深く認識しているのでしょう。

そのおかげか、新型コロナウイルス騒動のなかでもどうにかお店を維持していらっしゃいます。今年2月の初旬、僕が訪ねたときにもこんな世間話になりました。

僕:「今、こんなご時世で大変でしょう。飲食店はつぶれているし、小売店もそんなに楽じゃないし、この馬車道商店街の人出も少なくなって……」

店主：「いえいえ、うちは最初からそんなに儲けを目的にやってるわけじゃないので、今もいつもと同じようにやれています。お店を畳んでも不思議はないんですけどね」

僕：「えっ?! でも、商店街を歩いている人も、少なくなっていますよね……」

店主：「もちろん、そうです。ただ、どういうわけか昔からのお客さんが顔を出してくださったり、神様もいろいろ応援してくださっているのでしょうか。おかげさまで何とかお店を維持していけます」

息子さんと二人三脚でお店をやっているという彼女のそんな話を聞いて、僕は改めて思いました。

職人さんが、使う人のために心を込めてつくったものを、それを必要としている人にきちんと提供しようと思い、わずかなリベートだけ乗せている。

しかも、すぐに製品を入れ替えたりせずに同じ製品を長期間並べておいて、丹精込めたものを求める人をただ待っている。自分たちがリッチになろうなんてみじんも思ってない。

そういうところは、逆境にあっても決して潰れたりはしないのです。

そう、本物は生き残るのです!

「お客さんに喜んでもらいたい」「美味しいものを食べて元気をつけてほしい」など、何か使命や目的をもって未来を設定しているお店は、コロナ禍であってもかならず乗り越えられる——。

それは、お客さんという「神様」に愛されているからなのです。

第6章

魔が差さないためのパッケージ設定

天使が舞い降りやすい人とは

パッケージ理論に基づいて願いをかなえるためには、「自分のことが大好き」と思えることが重要だとお伝えしましたが、それは「無邪気」ということにも通じます。

無邪気というのは、たとえ理屈や常識にあわないことでも「そんなこともあるだろうな」「あってもおかしくないな」「あったら楽しいな」などと素直に思えることです。

なぜそんなふうに思えるかといえば、自分のなか（背後）の神様がそう感じているからです。

つまり、神様に対して素直なのです。だから、小さな子どもほど無邪気なのでしょう。

そして、大人になってからもそのような無邪気さや、素直さを持ち続けている人ほど自分が大好きで、神様の子どものような感覚で自由にパッケージをつくっているようです。

僕の周囲を見まわしてみても、そんな人の下に天使が舞い降りてきているのは間違いありません。そこで、そのように未来からのサインを受け取っている人や事例をいくつかご紹介したいと思います。

僕が一緒に対談本も出したBirdie（バーディー）さんという超能力者の男性がいるのですが、ひとつ目の例は、彼とのやりとりのなかでそれまでにない反応を示した不思議な女性の話です。

Birdieさんは、神戸の阪急六甲駅の駅前で「マジックカフェバーBirdie」というお店をやっています。僕が最近知り合った若い女性が「Birdieさんのところへ行ってみたい」と希望するのでお連れしたのですが、そこで思いがけない展開がありました。

Birdieさんのお店にはそれまでにも何人かお連れしていて、僕はだいたいどういうからくりかは理解しているつもりでした(くわしくは明窓出版刊『マジカルヒプノティスト スプーンはなぜ曲がるのか？』をご参照ください)。

ところが、そのとき僕が連れて行った女性は、他のお客さんとはまったく違った反応をしたのです。それは、Birdieさんがいつものようにトランプを使ったパフォーマンスを見せてくれたときでした。

Birdieさんがその女性に52枚のトランプカードを渡しながら、「どうぞ引いてください」と言い、彼女が適当にパッとカードを引きました。次に「それをみなさんに見せてください」と指示し、彼女がその場にいた僕たちに見せます。

そして、そのカードを見ていないBirdieさんが受け取って、全部のカードのなかに入れて何回か切ります。

次に、Birdieさんがそのなかから無造作に1枚引いて、

「僕が、これはスペードのエースだと言えば、その時点でスペードのエースになっちゃうんですよ。これが、あなたが今引いたカードですよね？」

と話しかけながらギャラリーに向かってそのカードを見せました。

すると、確かにスペードのエースだったので、その場で「当たった、当たった！」と歓声が上がりました。

ところが、そのカードを引いた彼女だけが、他のギャラリーとは違う反応をしました。そのとき、彼女はこう話してくれたのです。

「だって私がトランプを引く前に、Birdieさん『スペードのエースを引いてくれ』って言ったじゃないですか」

と。

もちろん､そんな声は誰も聞いていませんし。僕も含めて他の人たちが聞いたのは、彼女が1枚だけカードを引いて戻し、それをBirdieさんが切って無造作に1枚取り出して､「私がスペードのエースだと言ったら、これがスペードのエースになるんですよ」と口に出した言葉だけです。

そのときはじめてBirdieさんから「スペードのエース」という言葉を聞いたのに、彼女だけはBirdieさんから「好きなのを引いてください」と言われる直前に「スペードのエースを引いてください」と聞こえたというのです。

僕はそのとき、

「ひょっとして、未来にBirdieさんが『これはスペードのエースです』と言った時点の情報が過去に向かって流れてきて、彼女はその声を聞いていたの?」

と思いました。と同時に、普通の人にはわからないけれど、もしかすると彼女ならそんな未来の声を聞けたとしても不思議じゃないなとも思えたのです。

というのも、彼女はウクレレ奏者で、ハープのようなとてもきれいな音色を奏でるので、僕は彼女のことを「歩くBGM」と呼んでいるくらいハートフルな女性だからです。僕の関西での講演会があると彼女にＢＧＭとしてウクレレを弾いてもらっていたこともあるのですが、以前、彼女からこんな不思議な話も聞いていました。

自分自身が天使になることもある

去年の秋、その女性は、京都に自然の材料だけでつくっている美味しいチョコレート屋さんがあると聞いて、東京からわざわざ2泊3日でそのチョコレート屋さんに買いに行ったそうです。そして、チョコレートを買って3日後に東京に帰ろうとしたら、そのとき泊まっていたゲストハウスのオーナー夫妻から、

「あなた、よかったらうちで働いてくれない？　コロナで外国人のゲストはこないからお給料は出せないけれど、その代わりにあなたが好きなだけ泊まっていていいから」

と声をかけられます。

彼女は「それもいいかな」と思って、着の身着のままで旅行にきたつもりが、それ以来ずっとその京都のゲストハウスにいたそうです。

僕がそんな彼女のいきさつ話を聞いたのは、２０２１年の2月に京都であった会合

に参加したときでした。

僕の隣には、以前2度ほどお目にかかったことのあるご婦人が座っていて、ちょうどその日が2月14日のバレンタインデーだったことから、そのご婦人がチョコレートをプレゼントしてくれました。

ご婦人が「これ、私の娘が京都市内で売っているチョコレートなんです」と言った瞬間、そのチョコレートを見たウクレレ奏者の彼女が「あっ！　あそこのだぁ」と声を上げたのです。

そう、たまたま僕の隣に座ったご婦人の娘さんがやっているお店が、ウクレレの彼女が東京からわざわざ京都までやってきて買い求めた、自然素材のチョコレートのお店だったのです。スピリチュアルの世界では、このような意味のある偶然のことをシンクロニシティと呼ぶそうですが、こんな出会いもあるのだなと驚きました。

彼女にはそういうことがたびたびあるらしく、世界各地を旅していて、たまたま電車で隣に座ったおばさんから「ちょっとあんたうちにきて、娘の子守りをしていて」と頼まれて、そのとおりにしていたら「ありがとう、しばらく泊まっていってよ」など言われるくらい、すぐに人に受け入れられる不思議な女性なのです。

そばで見ていると、まるで天使みたいな人で、そんな女性だからこそ、未来から送られてくる情報をいち早くキャッチしているのかもしれません。

過去と未来それぞれのサインが融合する

もうひとつの例は、船井総合研究所の2代目の社長さんから勧められて体験したセラピーのお話です。

社長さんから勧められたのは、耳に大きな「とんがりコーン」のようなものを入れて火をつける『イヤーコーニング』というとてもめずらしい療法でした。

イヤーコーニングとは、イヤーコーンという、布を蜜蝋で筒状に巻いたものに火をつけて、その煙によって、毒素や滞ったエネルギーを吸い出す民間療法です。

古代エジプトやチベット、マヤ、ネイティブアメリカンなどの間で行われてきたようです。

社長さんが「顔が茹でタコみたいになって、いびきかいてぐっすり寝ちゃった」と言うので、僕も試しにやってもらいました。

耳のなかまでは熱も煙もこなかったので特に変化が起きるとは思わなかったのですが、施術が始まると、なぜか僕の意識はすぐに薄らいでいきました。

完全に意識のない状態で1時間ほど放っておかれるのですが、僕は途中ふっと目を覚ましました。

「目覚めても、しばらくは動かないように」と指示されたので、施術台の上でじっとしていようと思っていたのですが、なぜか勝手に身体が動き始めたのです。

ネコのような格好になり、ふと「あれ、これ、俺、スフィンクスになったんだ」と思い、そのままの格好でいたら「終わりました」と言われて、普通の状態に戻りました。でも、なぜそんな現象が起きたのかが不思議でした。

施術をしてくれた女性にとっても、僕のようなケースははじめてとのことです。

彼女がイヤーコーニングに出会ったきっかけは、エジプト旅行で神殿を見物したときのこと。神殿の一番奥のレリーフにこのイヤーコーニングの描写があったそうで、その絵を見たときに「これをやるんだ」と直感した、とおっしゃっていました。

その後わかったのは、この療法は現在でも世界各地で退行催眠のように、前世を思い出す場合などにも使われているそうです。

でも、最初からそう伝えると、施術を受ける人に意識的に動かれてしまうので、単なるイヤーコーニングと名前をつけているそうです。決して退行催眠や前世療法などではないという形で、静かに広がっているようで、僕もそのときはじめてその存在を知りました。

その体験と未来からのサインはどう関係しているか。

その体験をした日、はからずも僕はエジプトのファラオが描かれたTシャツを着て出かけていたのです。ミリタリーオタクを自負する僕は、ほとんどいつも迷彩柄のTシャツを着ているのですが、なぜかその日に限って、胸にファラオの刺繍《ししゅう》、背中にピラミッドが描かれたTシャツを選んで着ていました。

朝、「何を着ようかな」と思いながら、20枚ほどあるTシャツのなかから、適当に何枚か手に取りながら、「こっちかな」「いや、こっちだな」という感じでした。

それで、最終的にそのファラオが描かれているTシャツを着て行ったのですが、イヤーコーニングというこれまためずらしい体験をさせてもらったおかげで、「やはり僕はエジプトとは縁が深いんだ」ということを再認識させてもらえました。

パッケージの神様のサポートを断るのも自分

それまでに、僕の前世（魂情報）はエジプトにあり、その前はシリウスの宇宙艦隊の司令官だったと証言してくださる霊能力者が何人かいました。

イヤーコーンの体験をしたときに、そんな霊能力者のひとりである、ある女性との会話が鮮明に蘇ってきたのです。

その女性は、僕の大学の卒業生で、3年前のクリスマス頃に突然、僕に会いたいと連絡してきました。

彼女はイギリスで働いていますが、ご両親が日本にいるので毎年里帰りしていて、そのタイミングで会いたいということだったのです。

卒業生といってもはっきり覚えているわけでもなく、正直「面倒くさいなぁ」と思いました。

ですが、学長職と理事長職を長年続けておいでだった渡辺和子シスターが、「卒業生は大事にしてください」とおっしゃっていたので断れず、会うことにしたのです。

最近卒業した元学生が自宅の近所に住んでいるので、ついでにその子にも声をかけ、3人で僕の馴染みのイタリアンの店に入りました。

席にとおされ、食事やワインの注文を普通にすませたのですが、その直後、異変が始まりました。

ロンドンからきたその卒業生が突然身体を激しくくねらせたかと思うと、聞いたこともない男の声色になって、「私は、シリウスの宇宙艦隊司令官アシュターである」などと言い始めたのです。

僕も驚いていましたが、隣に座っていた最近卒業した元学生も、思わず退くほどびっくりしていました。

シリウスのアシュターは僕に向かって、「お前に緊急通達を伝えにきた」と前置きをします。僕は身構えました。すると、「〇〇（スピリチュアル界で人気のある男性）に気をつけろ。〇〇と一緒に仕事をするな」と言ってきました。

その異様な状況とは裏腹に、「やけにくだらないことが緊急なんだな」と思いました。

翌日のこと、僕の本を出してくださっている出版社の社長さんがアポなしで訪ねてこられたので、「アポなしでめずらしいですね、要件は何ですか？」と尋ねました。すると、「保江先生、〇〇さんとの対談本を出しませんか？」とおっしゃるのです。僕はその瞬間、アシュターが緊急だと言っていた意味をはじめて理解しました。

前日にアシュターからの忠告がなかったら、その対談本の話を請けていたかもしれず、かろうじて間に合ったので丁重にお断りできました。

その後、風のうわさによれば、〇〇さんの最近の言動は人を惑わすような方向に向かっているらしく、アシュターは同じ魂の仲間である僕に、それを認識させてくれたのだと感じます。アシュターは、まさに未来からのメッセンジャーだったのです。

「面倒くさいな」と、もしロンドンからくる女性のお願いを断っていたら、僕は知らないうちに〇〇さんと深く関わり、自らの人生のパッケージが思わぬ方向へ進んでいたかもしれません。

渡辺和子シスターの助言、アシュターが彼女を選んでくれたこと、すべて未来と過去が決まって今があるという話に合致します。

今起こる事象はすべて、未来と過去からなんらかの影響があってのことです。

パッケージの神様はいつも天使を送ってきてくれて、コンプリートできるようにサポートしてくれます。ですが、その助けに応じないのも、自分自身ということです。自由意志とはそういうものなのです。

人類史もまた、ワンパッケージ

そのときのアシュターは、例の緊急通達以外にも、次のような人類史の秘話を話してくれました。

◆アシュターは、シリウスから地球に魂を持ってきた最初の切り込み隊長だった。
◆最初に地球にきたときに、類人猿が完璧にできていなくて、魂を入れられる生物は、クジラか、イルカか、ライオンしかなく、一番入れやすかったのはクジラとイルカだった。
◆陸地の生物に魂を入れたかったので、今のアフリカの平原でライオンに魂を入れた。けれど四つ足ではシリウスのようにはうまくいかなかった。それから長い年月が経ち、類人猿がホモサピエンスになる。そろそろ入れられる頃になった、と人間に入れ始めた。
◆やがて、直立歩行もできるようになり、文明を築き始めたが、当初はまだ半々の姿だった。陸地ではライオンの姿、海に近いところではイルカの姿で暮らしていた。
◆エジプトのスフィンクスはその頃の姿で、ファラオ（王）は、ライオンと人間の両方の姿でいることができた。

イヤーコーニングの体験をしたとき、以前アシュターからそんなことを教わっていたのを思い出した僕は、「古代エジプト王朝の神殿レリーフにあったイヤーコーニングは、人間のファラオの魂を一時的にライオンの体のなかに戻したり、逆にしたりする、そういう儀式だったのかもしれない」と納得できました。

だから僕も、ふと気がついたら自分がライオンの身体にちょうどはまるような姿になっていたのだと。

しかも、その当日の朝に、ファラオが刺繍されたエジプト柄のシャツを手に取って「これを着て行かなきゃ」と思ったのだから、間違いないでしょう。

私たちは無意識のうちに未来からの情報を受け取っています。

僕自身も、またこのときに、未来と過去がひとつのパッケージになっていることを再確認させられたのです。

「魔」が差しやすい生き方

未来と過去のひとつのパッケージをつくることで、未来からの情報やサインが確実に今にやってくる。

ですから、これまでお話ししてきたように、それをいち早くキャッチして、確かな未来を具現化するためには、タイムライダーとして自分の時間軸を自由意志できちんと選ぶ、設定することが大事です。

「過去と現在だけで、未来がすべて決まる」という硬直した直線的な考え方をしていると、未来からの情報を得にくくなるからです。

なぜなら、未来があやふやでよくわからないものとなり、そうすると、そこに不確定性が生まれるからです。これは、昔から日本で使われてきた「**魔が差す**」という表現に置き換えられます。

つまり、**「過去の出来事と今の自分の努力だけで未来が決まる」と思い込んでいる限り、魔が差すのを止められなくなります**。言い換えれば、魔が差すというのは、自分の時間軸が不確かなものになって、自分以外の何ものかに惑わされたりコントロールされてしまうということです。

そこで、魔が差さないようにするにはどうしたらよいか？

普通は、神仏にお願いしたりするのが一般的かもしれませんが、たとえ神仏にお願いしても、日々の生活の中に潜む魔を止めるのはむずかしいと思います。

なぜなら、自分で自分のパッケージをつくらない限り不確実性があるので、さまざまなものからの干渉を受けて、無秩序な状態を招いてしまう可能性が高いからです。

なので、いろいろな可能性のなかから自分が願うひとつの未来を確定するということが大切で、それを決めてしまえば、どこからも魔が差す隙がなくなります。それさえやっていけば、自分の願っていない方向や、世のなかの願っていない方向にはいかなくなるのです。

つまり、魔が差すの「魔」というのは、きちんとパッケージになっていないから、不本意な望ましくない結果に陥ってしまうということに他なりません。最悪の場合、自らの命、または大切な人の命を失いかねない。

したがって、**魔が差さないような時間軸を選ぶことが非常に重要**だということを知っていただければと思います。

そのためには、未来は過去と現在の延長線という直線的な見方をやめて、パッケージとして捉える見方に変えることが重要です。

パッケージ理論では、自分が望む未来とこれまでの過去で今が決まっている。このように、すべてを未来と過去のセットで見る習慣を持つことができていれば、自分の望まない時間軸に陥ることはないでしょう。そう、決して魔が差す隙が生まれることはないのです。

完全調和の側から見れば、まさに「魂の自分軸」が定まる、それゆえ他からの魔は入ってこられなくなるということなのです。

この世の時間軸が始まる前の完全調和の世界

魂の世界というのは、この世のパッケージや時間軸とは違います。この世に出てくる前の魂の世界には時間がないので、時間的なスパンが生じるのはあくまでこの世の側の話です。でも、この世に生まれてくるときと亡くなるときの設定は、あらかじめ神様と魂の世界で決めてきています。

つまり、生まれる直前は完全調和という神様の世界で、すべての魂がその一部として混ざり合っていて、それが個々の魂として形成されていって、それぞれ親となる人の肉体に宿るということです。

たとえば、保江邦夫が死ぬと、保江邦夫としての個人の意識はなくなります。けれど、保江邦夫の体験（情報）は完全調和の側、つまり神様のなかに入っていくのです。

その全体のなかには、アインシュタインの体験も入っているし、ヒトラーの体験も入っています。そのすべてが神様と一体になっていて、ふたたび魂として何らかの生命に入っていくプロセスのときに、その全体のなかから個に分かれる魂が、体験（情報）の一部を選んでから肉体に入ります。

アインシュタインとしての経験の一部や、保江邦夫としての経験の一部を選び、それがその次に生命として誕生するわけで、それが人間の場合ならその人の前世と見なすこともできるわけです。

つまり、輪廻転生とは、同じ魂が何度も生まれ変わっているわけではないということ。

神様のもとに戻る魂は、物質世界で経験した情報と一緒に神様のもとに還ります。そこにはその情報のすべてが蓄積されています。

そのなかからいろいろな経験を少しずつ選び取って、新たなる個体としてこの物質世界に降り立つのです。

前世療法などを好む人たちの多くに、「私はキリストの生まれ変わりだそうです」と喜んでいる人が多いですが、確かにその意味の半分は間違っていません。

キリストの生まれ変わりがたくさんいる理由も、キリストの情報の一部を選び取ってこの物質世界にきたということだからです。

また、人間に限らず、犬やサルの経験値だけで人間に入った魂もあるし、鉱物や植物だけの経験値の魂、あるいは地球人の経験値がなくて宇宙人だけの魂もあります。

おそらく、「集合的無意識」や「アカシックレコード」もそれと同じような意味で使われてきたのだと思いますが、ようするに、あらゆる魂の情報が全体に溶け合っていて、それが分化したのが個々の生命なのです。

イメージとしては、シンクのなかで水がぐるぐる回転しながら流れていくように、完全調和の何もないところから、急に吸い込まれていくように自分というものができ始め、そこで引っ張り込まれないようにあがくような感じです。

渦のなかであがくときに必死で何かをつかむように、膨大な情報のなかからつかんだものが、自分の可能性の一部になるということです。

それは巨大なお餅をちぎって小さなお餅をたくさんつくるようなものですが、本当のお餅はそこで完全にちぎれるのに対して、魂のお餅はちぎれて分かれることはありません。細いけれどお餅の大元とずっとつながったままで、それがまた戻っていって元の巨大なお餅に戻る。だから、もしその小さなお餅（魂）が赤く染まったような体験をしたら、そのままた全体の白いお餅のなかに戻っていって溶け込む、というイメージです。

物理学ではこれを「ホログラフィー」と表現しますが、全体のなかに部分があり、部分のなかに全体（情報）が織り込まれているということです。

そして、人間の場合は、そのとき引っ張ってきたなかで一番比率の高い情報の影響を受けやすかったり、思い出したりしやすいわけです。

ここまでが、この世の時間軸が始まる前の話です。

そして、この世の肉体に入ってパッケージ化をするときには、それぞれに必要な魂の記憶・経験値が入っているので、それが夢となったり未来からのサインとして現れたりしているのです。だから、放っておいても最終的にはそのようになっていきます。

しかし、生まれてくるときと死ぬときの設定以外は、いろいろなパッケージを自由に積み木していけるので、自由意志に委ねられているわけです。

軍隊セオリーとパッケージ理論の共通点

パッケージ理論では、山登りにたとえたように、出発点と到達点は決まっていても、どのルートでたどり着くかは、そのときどきのゆらぎのような直感的な感覚や、こうありたいという願望によって決められるのです。

ですから、もし新型コロナウイルス騒動に心を奪われたり、過去にとらわれて目先のことしかわからなくなってしまうと、自分の願う未来が不確定になってしまって魔が差し込んできかねません。

そんなときは、頭でいろいろと考えをめぐらすのではなくて、身体を動かして五感を研ぎ澄ませたり、何かひとつのことに没頭して自分の内面（潜在意識）とつながったりすることが大事です。そのためには催眠療法などを受けてみるのもよいかもしれません。

というわけで、ここからは、どうすれば魔が差さないための確かなパッケージをつくることができるかについて、僕なりの観点から述べてみたいと思います。

魔が差さないパッケージづくりのポイントは、「的を絞って没頭する」ということです。

そこで参考になるのが、僕が大好きなミリタリーの世界です。

なかでも、アメリカ陸軍士官学校、通称ウエストポイントで教えている内容のなかにもある、戦争で作戦を立てるときの理論「オペレーションズ・リサーチ（ＯＲ）」はとても参考になります。

そこでは、「よい作戦」と「悪い作戦」の違いを教えるのですが、よい作戦は、常に、右か左か、赤か黒か、兵士がどうするべきで、どうしてはいけないか、それがはっきりとしています。

それに対して、悪い作戦は、選択肢がひとつではなく、複数ある。たとえば、将校が部下に対して「このなかから適当にやれ」などと命令してしまうことがそれです。これでは、兵士が何をどうしたらいいのか戸惑ってしまうような、あやふやな作戦になってしまいます。

ですから、将校たるものは、最悪の選択でもいいから、ひとつの選択肢だけを選んで命令を下す。もしそれで部隊が全滅する可能性があったとしても、何も命令しない、あるいは「お前らが好きにやれ」と命令するよりもよし、とされているのです。

このように、**魔が差す余地のない確固たるパッケージをつくるには、できるだけ具体的な的、ポイントを絞ることが先決**です。

そして、その上で、その目標に向かって懸命に日々の課題に取り組むことも大事です。つまり、**自分に課せられた日課をせっせとこなしていく、一心不乱に没頭する、**それが、魔が差さない秘訣です。

未来の目標が決まっているからこそ、日課が与えられ、その日課を懸命にこなしていくことで作戦が成功する。これが軍隊や軍人の基本的な行動様式です。

具体的な戦略目標を立てて、そのための戦術を日々こなしていくことから、まさにこのパッケージ理論は、軍隊のセオリーと同じことなのです。

ですから、**軍隊用語にはパッケージという言葉があって、プランとは言いません。プランはあくまで計画であって、結果がどうなるかわからないから**です。

軍隊は負ける可能性があることはやりません。かならず勝つか、あるいはとらわれの身である人を助けるか、いずれにしても軍隊にとって目標は明確に確定していて、パッケージで戦略と戦術を編み出していくのです。

これは命がけだからこそできることで、悠長にしていたら敵に負ける、負けは即死を意味していて、全員がやられてしまう。だから、目標を達成するために常に命がけで、そこに魔が差す隙は一切与えないのです。

アメリカのコリン・パウエル元国務長官は、ベトナム戦争のとき、将校として後ろにいればいいのに、自ら最前線に立って「俺を撃ってみろー」と叫んだそうです。

米兵たちはパウエルに向かってくる敵の弾が外れる様を見て、全員が「よし、がんばるぞ！」と奮起したことでパウエルは英雄視されることになります。

リーダーたる者、まず自分が最前線で「絶対弾は当たらない」という未来をつくることが使命であり、だからこそ部下も命がけで戦うことができるのです。

アフターコロナに必要なのは非日常の体験

２０２１年の現在も新型コロナウイルス騒ぎが続いていて、世間には未来に対する不安がまん延していますが、だからこそ、各自がかくありたいという明るいパッケージをつくり直さなくてはいけないときでもあるのです。

本来、頼みの政治家やマスコミはただ不安を煽《あお》るだけで、残念ながらパウエルのような英雄は日本では影を潜めています。多くの人たちが、政府の発表や主要メディアの情報を妄信して、家に引きこもったり、不安を抱えてどうにもならない状況に追い込まれているのです。

そんな先が見えないときこそ、一人ひとりがかくありたい未来を決める。そうでないと、新型コロナウイルス騒動で世のなかがもっととんでもない事態になりかねません。不安だらけで未来が描けないアフターコロナほど、もっとも魔が差しやすくなるからです。

おそらく、不安で見通しが立てられない人は日本人口の約8割。

残り2割は僕のようにコロナだろうが何だろうが、これからも自分の好きなパッケージどおりに進んでいくでしょう。

いつもハッピーな人はパッケージを替える必要はありませんが、先が見えずに不安を抱えている人ほどパッケージを替えることがむずかしくなってきているので、この本で少しでもそこに気づいてもらいたいというのが僕の今の気持ちです。

未来は過去の延長でしかない、という考えを捨てて、新たに未来のパッケージをつくり替えるためには、たとえば、「彗星《すいせい》が東京に落ちてきて、何百万人も死ぬ」「富士山が噴火して首都圏が壊滅する」などという相当ショッキングな非日常的出来事が起きないかぎりむずかしいかもしれません。

それだけ、個人の意識や価値観を揺さぶるショッキングな体験が必要だということです。

何をすれば個人レベルでそんな強い衝撃を受けられるかというと、僕が圧倒的だと考えているのは、**銃を撃ってみること**です。他のアプローチとは比較にならないほどの衝撃を体感できます。

他の銃に比べ、反動の弱い弾薬を用いる自動小銃であっても、自分で撃つとその音と衝撃だけでかなりのショックを受けるはずです。

普通の日本人はそんな体験をしたことがないので、銃を撃つだけでも意識が覚醒しやすくなります。そのためにおすすめなのは、**予備自衛官になること**です。

防衛省・自衛隊のホームページには、予備自衛官についてこう説明されています。

【予備自衛官補とは】

一般社会人や学生の方を予備自衛官補として採用し、教育訓練修了後、予備自衛官として任用する制度です。国民のみなさんが自衛隊に接する機会を広く設け、防衛基盤の育成・拡大を図るとの視点に立って、将来にわたり、予備自衛官の勢力を安定的に確保し、更に情報通信技術（ＩＴ）革命や自衛隊の役割の多様化等を受け、民間の優れた専門技能を有効に活用し得るよう、予備自衛官制度へ公募制（予備自衛官補制度）を導入しました。これにより、自衛官としての勤務歴がない方々でも予備自衛官に任用されるチャンスが拓けたのです。

一般と技能の公募コースがあり、一般公募では、採用年齢に適したみなさんなら、どなたでも応募可能です。また、技能公募では、語学や医療技術、整備などの分野に精通したみなさんが応募することができます。

募集要項
（一般）18歳以上34歳未満
（技能）18歳以上で国家資格等を有する者（資格により53歳未満から55歳未満）
試験科目
筆記試験、口述試験、適性検査及び身体検査
（自衛官募集ホームページ　防衛省より）
https://www.mod.go.jp/gsdf/jieikanbosyu/

予備自衛官になると、自動小銃を撃つ訓練もあるので、銃を撃つという極めて非日常の体験ができます。

僕もアメリカ西海岸ではじめて銃を撃ったときは、非常に大きな衝撃を受けました。もちろん、銃を撃つだけではなく、自己完結型の自衛隊のなかに身を置いて、サバイバルのようなシミュレーション（模擬訓練）ができるので、それによって意識が変容してパッケージの重要さも身をもって学ぶことができるでしょう。

意識の覚醒を促すにはそれくらい非日常的な体験をしないとむずかしいわけですが、予備自衛官というと男性を連想しがちですが、実は、女性のほうがサバイバル意識は高いので、はまりやすいようです。

このように、確固たるパッケージの重要さを、身をもって体験する一番簡単な方法は、日本では予備自衛官に登録すること。そうすれば、魔に対する予防線となって新型コロナウイルス騒動の後遺症からも脱却できると思います。

自分の最期を見つめる「墓穴《はかあな》療法」

最後にもうひとつ、魔が差しやすい新型コロナウイルス騒動に振りまわされずに、本当になりたい自分になるパッケージ設定のための、とっておきの方法をご紹介しましょう。

それは、横浜の中医学専門学校が将来的に準備している「墓穴療法《はかあな》」です。僕はこの美人校長先生から依頼を受けて毎月横浜で講演会をやっていて、もうかれこれ60回を超えています。

その校長先生が考案したのが、墓穴療法なのです。それは何をやるのかというと、次のような面白いことです。

野原のような場所に集まって、ひとり1本ずつスコップを渡されて自分の墓穴を掘ります。午前中に2時間、午後に3時間くらいかけて穴を掘っていくと、だいたい大人ひとりが横たわれるくらいの穴を掘ることができます。そして、夕暮れ時にその自分が掘った穴に横たわります。もちろん埋めることはなく、その穴に横たわった状態でじっとしていると、陽が落ちて夜空に星が見えてきます。

そうしていると、土のなかで安心でき、汗が出るほど身体を動かした後なので、自然に涙が溢れてきて自分というものを見つめ直すようになるのです。

美人校長先生がこの墓穴療法を編み出したのは、スピリチュアル系に興味を持つ人は頭のなかだけの観念に走りやすく、これまでに地に足のついていない人をたくさん見てきたからだそうです。そこで、地に足をつけるには身体を使うことがとても大事だということから、中医学の他にも味噌・麹食品づくりや綿棒で神聖幾何学の形をつくるなど、ひとつの作業に没頭して夢中になる体験型授業も取り入れているそうです。

そのようにストレスを抱えた現代人が、身体を使って自然を感じながら自分自身を癒す究極の技法が墓穴療法で、これは僕から見ても、パッケージを組み替えるときのひとつの手段としてとても有効だと思います。

実は、僕も大学生のときに道路の穴掘りのアルバイトをしたことがあるのでよくわかるのですが、穴を掘っているときは一心不乱になって自然に思考が停止します。そうすると、人は自然と自分自身を見つめ直すようになるのです。

校長先生は、この墓穴療法を横浜以外の地方でやっていきたいとのことだったので、僕の知り合いが入手した岡山県美星町の土地を墓穴療法ができる場所として提供してもらうことを考えています。

先行きが読めなくなったり、人生に行き詰ったら自分で自分の墓穴を掘る。一心不乱に穴掘り作業に没頭しているだけで、意識が変容していきます。そうすると、どんなに魔が差しそうになってもそれを退けられ、しかも美星町の美しい星を見ながら大自然に抱かれていたならば、自分が生まれるときに決めてきた魂のパッケージさえも思い出すことができるでしょう。

そうして、未来は過去の延長線ではないということを知る。自分が決めればその未来どおりの世界がやってくることを実感する。そして、本当は誰もがタイムライダーとして神様のように自由に自分で自分の宇宙を創造できるということに気づいていく……。

ぜひ、みなさんも、僕のように、ご自身の非日常体験によってそれを確かめてみてください。

おわりに

自分の未来を設定して、なりたい自分として生きるタイムライダー。そんなタイムライダーになるためのパッケージ理論は、いかがでしたでしょうか?

ここでは、タイムライダーという言葉に僕が込めた想いをお伝えして、この本を締めたいと思います。

本文で述べたように、新型コロナウイルス騒動に巻き込まれ、マスコミ情報を真に受けてしまったために、不安や怖れにさいなまれてしまい、明るい未来を思い描くことが極めてむずかしい人も多いと思います。

特に2020年は、10~20代の若者と、40代の女性の自殺者が増えてしまいました。そうした実情を聞くと、いかに魔が差した人が多いかと心から悲しくなったのです。

魔は、本当にひっそりと忍び寄ります。病気よりも突然、ひっそりと誰の背後にも忍び寄る準備をしているのです。

僕はこの国を支えるはずだった人々に想いを馳せました。そして、もうこれ以上、そんな人が増えないことを祈ります。

ですが、医者でもない、ただの理論物理学者です。病気自体と闘うことはできません。だったら理論物理学者らしく、物理学という観点から魔を引き寄せない仕組みをお伝えしようと思ったのです。

時間のデザインといっても、ようは意識的に生きるということに通じます。

魔は絶望とともに息をひそめている。寄せつけないためには、楽観的になることを意識することが非常に重要なのです。

未来を楽観する、過去を楽観する、今を、人生を楽観する。そんな生き方こそ、バイタリティーになるはずです。

人生には遊びが必要なのです。昆虫の仮面をかぶった正義のヒーローに憧れる子どもは、ヒーローのまねをして変身ごっこや闘いごっこをします。そうして遊んでいるときの力強さ。とても魔など差しようがないほどの力強さを感じます。

大人にもその力強く生きている実感が必要なのではないでしょうか。

だから、この本を手に取っていただいたあなたに、この言葉を贈りたいと思います。

今こそ、タイムライダーに変身せよ!

この本があなたのよりよき人生のお役に立てたならば、これにまさる喜びはありません。

最後までお読みいただき、ありがとうございました。

2021年6月吉日　著者記す

【用語集】

・古典物理学（古典論）（※1）……古典力学、一般相対性理論、特殊相対性理論などの基礎的物理学の総称。量子力学・量子論は含まれない。

・量子力学・量子論（※2）……量子とは、「存在の最小単位」のことであり、量子力学は原子や電子といったミクロな世界の運動法則を指し、量子論はその法則や方程式についての理論を総称したもの。

・シュレーディンガー方程式（※3）……量子の存在確率の振れ幅を表す関数「波動関数」の時間的変化を規定する方程式のこと。量子力学の基礎。

・熱力学の第二法則（※4）……熱力学の普遍的な法則のひとつ。

・常微分方程式（※5）……微分方程式の一種。

・完全調和全体の基準振動（※6）……完全調和の全体に常に同時に存在する振動。

・確率論（※7）……偶然に支配される現象に対して数学的見地から偶然性の大小を立証する理論の総称。

・中心極限定理（※8）……偶然性の詳細がわからない変動パターンであっても、それらを多数集めたり、平均したりした変動パターンは、ある決まった単純な変動パターンになるという事実を主張する定理。

保江邦夫 （やすえくにお）

理学博士。岡山市生まれ。

UFOの操縦を夢見る宇宙少年は東北大学で天文学を、京都大学大学院、名古屋大学大学院で理論物理学を学ぶ。その後、ジュネーブ大学理論物理学科講師、東芝総合研究所研究員を経て、1982年よりノートルダム清心女子大学教授、2017年より同名誉教授。

さらに、キリスト伝来の活人術である冠光寺眞法を主宰、各地の道場にて指導にあたる。

著書は物理学関連書のほか、『人生に愛と奇跡をもたらす 神様の覗き穴』『願いをかなえる「縄文ゲート」の開き方』『語ることが許されない 封じられた日本史』（ビオ・マガジン）、『僕が神様に愛されることを厭わなくなったワケ』（青林堂）、『祈りが護る國 アラヒトガミの霊力をふたたび』（明窓出版）、『ついに、愛の宇宙方程式が解けました』（徳間書店）、『伯家神道の祝之神事を授かった僕がなぜ』（ヒカルランド）など多数。

星辰館 保江邦夫 公式ウェブサイト　https://yasuekunio.com